给你一个团队，看你怎么带

董智轩◎著

U0914469

中国商业出版社

图书在版编目（CIP）数据

给你一个团队，看你怎么带 / 董智轩著 . —北京：中国商业出版社，2014.5

ISBN 978-7-5044-8423-9

Ⅰ. ①给… Ⅱ. ①董…Ⅲ. ①企业管理－组织管理学

Ⅳ. ① F272.9

中国版本图书馆 CIP 数据核字（2014）第 055218 号

责任编辑：朱丽丽

中国商业出版社出版发行

010-63180647 www.c-cbook.com

（100053 北京广安门内报国寺 1 号）

新华书店总店北京发行所经销

三河市龙大印装有限公司

*

880×1230 毫米 32 开 7 印张 140 千字

2014 年 7 月第 1 版 2014 年 7 月第 1 次印刷

定价：26.80 元

* * * *

（如有印装质量问题可更换）

前言 Preface

管理是一门科学，是一个系统的工程。一名出色的团队管理者要精通组织管理、战略管理、员工管理、激励管理以及管理者的自我管理等方面的工作。团队就像是风雨飘摇中精贵的瓷器，任何管理上的闪失，都有可能让你在顷刻间土崩瓦解。

美国纽约一家公司的销售部门主管斯洛登先生遇到了一个难题。他不知道怎样判断自己的销售团队是不是优秀的，尽管销售业绩每月都在上升，团队中大部分人的工作能力也很出众——超出他预想的优秀，但他仍然觉得有些地方不太对劲。

“我不知道这是否算是成功，对于未来缺乏掌控，我想，这一定是失败的管理。”斯洛登说，“我的部下很不快乐，对未来也充满困惑，如果我不能解决这些问题，找出清晰的定位和解决办法，我相信过不了多久，一定会出现严重的事情。”

斯洛登先生的预感是正确的，因为两个月后，他的团队出现了问题。首先是有人开始和他唱反调，让他的决定无法完全执行下去；接着就出现了大面积的离职潮，员工纷纷递上了辞呈，另寻出路。

团队的业绩开始下降了。最后，销售部门主管斯洛登的命运可想而知。

一群有能力的人，创造着令人满意的业绩，拿着不菲的薪水，还有优越的工作环境，全美一流的福利待遇，斯洛登为什么管不好他们呢？这是因为他不会管理这个团队，他没有一套有效的管理标准，来针对这些人进行团队管理。

显然，无论是创业团队的领导者，还是成熟团队的管理人，如何有效带领一个团队都是一道无法轻松躲过的难题。那么，该如何去管理一个团队呢？怎么才能成为一个优秀的管理者呢？

针对管理者在团队管理中的困惑，作者在本书中总结出了一个有效团队管理的方法，管理者可以从中找到自己需要的管理智慧。作者针对团队组织、团队战略、团队学习、团队激励、团队用人、领导团队、团队考核和自我管理等多个方面，为团队领导者提供有法可依、切实可行的指导，以应对团队已经出现的问题，避免团队可能出现的问题，指导管理者打造出一个高效运作、良性发展的优秀团队。

目录 Contents

第三章 提升员工，增强团队战斗力

第四章 合理用人，充分发挥人力作用

第五章 巧妙激励，让团队保持激情

第八章 业绩考核，公正评价确保效益

第九章 管好自己，用领导魅力带团队

第一章

优化团队，让结构更加合理

团队中的管理者，就好比球队中的教练，球员再出色，大腕再多，要是没有一个优秀的教练科学地将他们组织起来，使他们各安其位、各司其职，往往就是一帮乌合之众，团队战斗力将大打折扣。对于一个优秀的管理者来说，有领先时代的组织管理思想、有优化团队结构的智慧才是管理好团队的先决条件。

不让团队建设承受太重

团队人员对于企业来说，就是身材和衣服的关系，身材瘦小，却穿了一件肥硕的衣服，怎么看怎么别扭，而且还影响行动。因此需要组建适合团队发展的健康的团队机构，适当地精简团队，划分好团队各个阶层的职责，再据此配备职员，挑选胜任的员工，这样才能提高团队的工作效率。

成立于2000年的SP公司经营绿色食品，注册资金仅为20万美元，而到了2004年底，其净资产已高达26亿美元，4年间增长了1万倍，且资产负债率为零。这一速度是其他企业难以望其项背的。

然而，就是这样一个神话般崛起的企业，其衰落速度之快也同样令人吃惊。

SP公司组织上的不适应症早在其快速成长的第二年就已出现苗头，当时，公司内部的贪污与浪费现象已十分严重，据SP公司审计部门发现，在2003年投入的3亿美元广告费中，有1亿美元因无效而浪费掉了。在不少基层机构中，宣传报单的投放到位率不足20%，甚至一些基层人员干脆把宣传品当废纸卖掉。更为严重的是，随着机构日益庞大，层级逐渐增多，总部的许多指令在层层下达中被歪曲或变形，甚至没有传达。上令难以下达，下情难以上传在SP公司凸现。在内部管理上，恐龙结构所带来的弊端尤为突出。到2004年，SP公司在北美地区一级的子公司就多达300多家，美洲办事处2210个。看上去，SP公司的营销铁流浩浩荡荡，实际上却是机构重叠，人浮于事，互相扯皮。

SP公司创建伊始，子公司的定位就是集团的外派职能部门，而非利润中心，管理采用高度集权，子公司不必自已费心，集团总部统一计划，划拨广告费和产品。但随着集团的急剧发展，在子公司内不讲效率不问效益盲目投入的现象层出不穷。2004年5月，SP公司不得不实行转轨，把子公司由执行者变成经营者，进行独立核算。但习惯听命于集团指令性计划的子公司此时却像笼中鸟，失去了飞的能力，无法适应市场要求。

已经成为大企业的SP公司在管理上已经染上了大企业那种可怕的“恐龙症”——机构臃肿，部门林立，等级森严，程序复杂，对市场信号反应迟钝。各个部门之间画地为牢，形同壁垒，原来不足200人的集团公司管理部门一下子增至2000人，子公司如法炮制。为了统一全国市场，总部设计了十多种报表，以便及时掌握各个环节的动态。但具体到一个基层办事处，没有诸多变化需要填写，上面要报，下面就造假。当时SP公司内部的集权管理问题由此可见一斑。

正是这些早已凸显的问题，没有得到足够的重视，最终把SP公司拖入了死亡的深渊。

对于后来者，我们不能让这样的悲剧重演，一定要警惕这种团队建设的“不可承受之重”，所以，我们在带队伍的时候，无论是人员的补充，还是机构的设置，一定要三思而后行。

在团队管理中，要避免危机，要逃脱危险，团队就应该“精简高效”。吉德拉即是利用了他的果断实现了精简高效：

在20世纪70年代前期的10年间，国际汽车市场疲软，在意大利工资升高、物价上涨的情况冲击下，再加上公司内部出现了管理问题，菲亚特汽车公司经历了历史上最不堪回首的日子，公司连年亏损，在世界汽车生产商的排名榜接连下跌。此时，菲亚特集团的决策层中有不少人力主甩掉汽车公司这个沉重的大包袱。消息传出后，菲亚特汽车公司上下一片恐慌，都不知哪一天公司就会被卖掉或是解散。

1979年，阿涅利任命47岁的维托雷·吉德拉出任菲亚特汽车公司总经理。

吉德拉能给员工们的心神不定带来什么呢？

吉德拉看起来没有什么办法。

他总是带着微笑与大家一起交谈、访问。

他询问的问题倒是不少。

不久，吉德拉的小本已经记满了最后一页。一天，他合上笔记本，召开了公司管理人员会议。

“诸位，近年来我们公司每况愈下，似乎要从欧洲汽车生产商的序列中消失了。对此，我作为一名老菲亚特人，深感痛心。今天，请大家思考，菲亚特的问题在哪里？”

一片沉默。

吉德拉随即宣布："散会。"

众人神情严肃地离开会议室。

看着大家的背影，吉德拉满意地笑了。看来，他的计划已成功了一半：他相信今天的会议已经调动起了大家的情绪，首先是高层管理人员的斗志，别看大家默不作声，实际上都已经开动脑筋了。这样，才能为下一步的计划铺平道路。

几天后，吉德拉又召开了公司管理人员第二次全体会议，这一次，他没有马上宣布散会，而是举起了他的"三板斧"。"我们要大幅度地进行机构调整，大家要有足够的心理准备和承受能力。"吉德拉严肃地说，"菲亚特汽车公司机构重叠，效率低下，是导致企业缺乏活力的重要原因……"

吉德拉动手果断。很快，他关闭了国内的几家汽车分厂，淘汰冗员。职工总数一下子减少了1/3。由15万人降至10万人。这次机构改革的另一个重点是对菲亚特汽车公司的海外分支机构的调整。这些海外机构数量众多，但绝大部分效率低下，所需费用却很庞大，经常是入不敷出，成为公司的沉重包袱。吉德拉毫不犹豫地撤掉了一些海外机构。他停止在北美销售汽车，还砍掉了设在南非的分厂和设在南美的大多数经营机构。

吉德拉的"精简高效"遇到了多方面的阻力。菲亚特汽车公司的员工人数在意大利首屈一指，被称为"解决就业的典范"，这次裁减人员的数量如此巨大，自然引起各方议论，但吉德拉丝毫不为所动，坚定地完成了计划。

吉德拉的"第二斧"是对生产线的改造。他通过在工厂的实地调查，认为公司技术落后、生产效率低下是造成公司陷入困境的重要原因之一。吉德拉大量采用新工艺、新技术，利用计算机和机器人来设计和制造汽车。正是根据计算机的分析，使汽车的部件设计和性能得到充分改进，使其更为科学和合理化，劳动效率也随之提高。

新工艺、新技术的采用带来的另一个结果是公司的汽车品种和型号大大增加，更新换代的速度大大加快，这就增强了菲亚特汽车的市场竞争能力。

在吉德拉的主持下，菲亚特汽车公司通过一系列改革，成效显著，重新焕发了活力。

管理者精简机构，可以激发人们对工作的紧迫感，提高工效。因为人才常常是在工作多而人员少的地方冒出来的。每个人只有把自己的工作担子加重，干着超过自己能力的工作，才能在经受困难的折磨后造就人才。

合理配置，好钢用在刀刃上

作为一个优秀的追求高效的团队，更离不开资源的合理配置。1800 年，法国政治经济学者塞依说："企业家应把较低生产力领域中的经济资源，转移到生产力较高，收获较大的领域。"

其实，只要你认真想想就会得出这样的结论：任何资源都有属于它的理想竞技场，一旦物有所用、物尽其用便可发挥巨大的效益。要想办法让无用的资源在原有位置上做有效的运用，使它发挥出应有的功用。

第二次世界大战中，美国曾经宣称：一名优秀的数学家的作用超过了10个师的兵力。你可知道这句话的由来吗？

1943年以前，大西洋上英美运输船队常常受到德国潜艇的袭击，当时，英美两国限于实力，无力增派更多的护航舰，这使得德国气焰更加嚣张，袭击更加猛烈，而英美只能望洋兴叹，无力阻挡这种局面。因此，一时间，德军的潜艇战搞得盟军焦头烂额，使他们不得不重新思考别的办法，以便与之形成对抗。

为此，有位美国海军将领专门去请教了几位数学家。数学家们于是运用概率论展开了详细的分析和思考，最后终于发现，舰队与敌人潜艇相遇是一个随机事件，从数学角度看这一问题，它具有一定的规律。一定数量的船（如100艘），编队规模越小，编次就越多（如每次20艘，就要有5个编次）；编次越多，与敌人相遇的概率就会越大，这样就很不利于盟军的进攻。比如5位同学放学都回自己家里，老师要找一位同学的话，随便去哪家都行，但若这5位同学都在其中某一家的话，老师要找几家才能找到，一次找到的可能性只有20%。

这就说明了一个问题：要尽量减少编次，来避免德军的袭击，降低运输船只的损失。

这也是数学家的配置方法——让资源配置更趋合理、有效，才能让运输船队完好无损地躲过敌人，而使物资及时送到需要之地，这就是运输船队的实际价值。

英国海军一时也没有更好的办法，只得接受了数学家的这种建议，并命令船队在指定的海域内集合，再集体通过危险海域，切不能分头行驶。然后再各自驶向预走的港口。

一切都按原计划进行，结果奇迹出现了：盟军舰队在经过最危险的区域时，遭受德军袭击后被击沉的概率由原来的25%降低为1%，大大减少了损失，保证了物资的及时供应。

也许，就是这批物资的及时到来，大大增加了盟军的作战能力，使战争的局势更快由被动转为主动，取得了最后胜利。也正因此，数学家受到了军方的高度赞扬。

其实，现实生活中有许多资源不是没有用处，而是没有把它进行充分而合理的配置，只要你认真分析一下，就能把资源合理地配置在创造高效益的位置上，让它充分发挥自己的潜在价值。既然战场上能做到这种资源的合理配置，那么商场上更能发挥这个作用。就是我们平常所说的，将好钢用在刀刃上，只记住这一点就行了。

在现实中，就有许多团队由于资源的配置不好而导致效益低下，重者会使团队松散，毫无战斗力。因此，作为一个管理者就要把握团队资源的配置方向，否则，后果是不堪设想的。

1991年初，海湾战争举世瞩目，其影响波及全球，英国航空公司也取消了许多航班，生意大跌。

战争结束后，公司急于扭转这种不利局面，想在短期内为公司创出一些利润，决定采取大型投资活动，甚至取消了其他业务的资金投入而全力以赴地关注这次活动，于是推出一个免费乘航班的促销活动，他们认为只要投资了，在这关键时刻一定会有许多人想趁机出去活动活动。

为此，英国航空公司准备了几千张目的地为欧洲部分城市的免费机票，凡向英国航空公司提出申请的人，均有机会获得。按理说，这么优惠的条件去哪儿找呢？

然而，结果是出乎意料的。由于受战争的影响，人们的恐惧心理仍然没有消除，似乎还有一种“战火的硝烟”弥漫在空中。因此许多人宁愿呆在家里也不出去，再优惠的条件哪有比生命更重要呢？

这种结局使英国航空公司的计划一落千丈，预期的不凡收入也在倾刻间化为泡影。而这次活动花费却不菲。不仅投入了大量的财力、物力、人力，也花去了许多时间，一切就这样烟消云散了。

这个沉痛的教训令英国航空公司感慨万分，并深深地体会到：任何时候，各种资源的分配一定要有正确的目标，即合适的位置，否则，结局难以预料。

资金再雄厚的公司也经不起这种打击。因此，管理者在做出投资决策的时候，不妨多分析一下，团队内部资源的配置是否合理，能否达到预期的效果？这样就能避免一些不必要的损失。

充分利用资源，发挥资源效力

生活中有许多东西并不是没有使用价值，而是缺少发现，缺少充分利用，致使许多有用的资源被抛弃，被白白浪费了。因此，我们在带领一个团队时，要尽力使资源充分利用，合理配置。

顾名思义，资源配置就是把一切资源都运用于不同的领域，使它们充分发挥出原有的价值。其中的资源包括人力、物力、财力、信息等多方面。这些资源是否能够真正做到物尽其用，为团队创造应有的利益，这就需要管理者进行合理的配制了。

因此，为了避免团队中出现的资源过剩、短缺以及资源配制不合理的情况，管理者就要对资源进行配置，将那些不能产生效益或产生的效益配制不合理且非常低下的资源配到能生产高利润的环节上去。这些资源就能创造出更高的利润。

企业家希尔顿，在建造伦敦希尔顿饭店时，他一方面为了制造轰动效应，招揽顾客；另一方面也为节省资源，即减少投资，想法设法在白金汉宫附近购置了一块土地，并大肆扬言在未来的摩天大厦上，可以把白金汉宫的庭院一览无遗，甚至还可以用望远镜看清卫生间中的洁具是由美国制造的。

这一招还真管事，因为白金汉宫乃是英国女王的居住重地，岂能随意窥探（当时白金汉宫还未对公众开放）。于是，希尔顿的这番奇谈怪论犹如泼进油锅中的水，在英国政坛炸开了。这一“炸”，正中希尔顿的下怀——不仅替他做了一次免费广告，还引发了更多人的好奇心，试问，谁愿意失去一次远眺王室生活的机会呢？饭店开业后，日日爆满，预约电话不绝于耳。

这样一来，希尔顿饭店的生意越来越火，而节省下来的那笔资金又可以重新运用于别的投资上，这就是资源的充分合理利用。

另外，在资源配置方面还有一种人力资源的配置。有些时候，一个团队人员太多，常常出现人浮于事的局面，这样不但生产效益搞不上去，而且也大大浪费了人力。因此，必须要特别注意这些问题。

西杰集团是韩国有名的大企业，它下面的一个面粉厂也是出了名的高效益，据调查它每天处理小麦的能力是1500吨，只雇用了66个员工。这么惊人的业绩怎能不引起人们的注意呢？

原来，该厂的管理者十分重视资源的合理配置，重视培养员工的技术和素质水平，充分减少了各个部门的员工人数，使他们不至于堆在一个部门，造成人力资源浪费的局面。

而这样做也大大调动了员工的积极性，使工作效率成倍增长。

由此可见，人员的合理安排对一个团队的发展起着至关重要的作用。人员分配适当不但可以节约资源，而且可以提高工作效率。

1992年初，台湾有一家珠宝公司拟推出一种适合上班族的双环钻戒。为此，管理者筹划如何用最少的投资做一次宣传而让结果是成功的呢？

经过多方面的考虑与研究，他们终于想出了一个好办法。于是，该公司搞了一个“灰姑娘试穿水晶鞋”的新版本，举行了一次别开生面的双环钻戒试戴活动，凡年满18岁的女性，能顺利戴上钻戒且在美感评选中名列前三名者，均可成为该枚试戴钻戒的主人。

消息一传出，女士们纷纷前往一试，该公司门庭若市。可想而知，试过的人谁不会戴着自己满意的戒指离去呢？那么该珠宝公司的收入就更不用说了。

没有投入太多的资源，而获得的利润是可观的。该珠宝公司成功的秘诀就是把资源合理地运用于其中，让它发挥出超常的价值。而英国航空公司的失败与之相比就不得不让人感叹，资源的不合理分配对团队的发展有百害而无一利。所以，合理的资源配置对一个团队的发展起着至关重要的作用。

总的来说，对团队所拥有的资源进行合理配置，是团队提高竞争力的必要措施，任何一个成功的团队管理者都很重视这一点。那就请把各种资源做到物尽其用吧。这样你的目标就会不再遥远了！

团队人力结构做到人才互补

在对团队人力配备时，如果让两个或两个以上性格、学识相仿的人合作，看似能够和平共处，顺利完成任务，实际上除了把他们的缺陷加深、障碍增多外，最大的好处，也不过是将其仅有的优点扩大罢了。对团队来说，这些优点是不足以应付全部外来困难的。

同理，在一个团队中，每个人才因素之间最好形成相互补充的关系，包括才能互补、知识互补、性格互补、年龄互补、性别互补和综合互补。这样的人才结构，在科学上常需“通才”领导，使每个人才因素各得其位，各展其能，从而和谐地组合在一个“大型乐队”之中。

研究表明，一个团队中，最好有一个直觉型的人充当天才军师，有一个思考型的人设计和监督管理工作，有一个情感型的人提供联络和培养职员的责任感，并且最好还有一名冲动型的人实施某些临时性的任务。这种互补定律得到的结果是整体大于部分之和，从而实现人才群体的最优化。管理者用人时一定要明白此理。

人才结构中的平衡互补原则，在团队管理中起着越来越重要的作用，只有了解了人才结构中的互补原则后，才能更好地用人。

丹麦天文学家第谷有着杰出的观察才能，经过日积月累，他得到了大量天文观察资料。尽管如此，他的学说仍然没有摆脱托勒密地心说的束缚。1600年，第谷请了一位助手，德国天文学家开普勒，开普勒虽然观察能力不及第谷，但他的理论分析和数学计算才能却非常突出。他们两人合作不久，第谷就去世了。在第谷丰富的观察资料的基础上，开普勒进行了大量的理论分析和研究，大胆地提出了火星轨道为椭圆形的开普勒第一定律，接着又提出了第二定律（行星与太阳的连线在相等的时间内扫过相等的面积）和第三定律（行星公转周期的平方等于它与太阳距离的平方）。开普勒行星运行三大定律的发现，有力地证明了它是第谷观察才能与开普勒理论、计算才能互补效应的结晶。

团队的人力配置除了要了解人才的才能互补、知识互补外，还应了解人才中的个性互补。无论在哪一个人才结构里，人才因素之间都存在着个性差异，每个因素的气质、性格都各有不同。例如，有的脾气急，有的脾气缓；有的做事细致、耐心；有的办事麻利、迅速。这些不同的个性特征，都可以从不同角度对工作产生积极作用。如果每个人才因素都是一种性格、一种气质，工作反而难以做好。例如，全是急性子的人在一起，就容易发生争吵、纠纷。这和物理学上的“同性相斥”现象极为相似。个性互补，有利于把工作做好。一般而论，人才都有着鲜明的个性特征，如果抹杀了他们的个性特征，就等于抹杀了人才，只有把他们组织在一个具有互补作用的人才结构中，才能充分发挥他们的作用。

另一方面，还要注意其中的年龄互补。老年人、中年人、青年人各有各的特长和短处，这不管从人的生理特点还是从成才有利因素来讲，大都如此。因此，一个科学的人才结构，需要有一个比较合理的人才年龄结构，从而使得这个人才结构保持创造性活力。

性别互补也非常重要。物理学上有条规则："同性相斥，异性相吸。"男女都需异性朋友。人们只要与异性一起做事，彼此就格外起劲，也就是人们常说的"男女搭配，干活不累"。这种情形并非恋爱的情感，或者寻觅结婚对象，而是在同一办公室中，如果掺杂异性在内，彼此性情在不知不觉中就会调和许多。有些公司内，有些部门全由男性负责，有些部门全是女性，并非故意如此安排，实则是因工作上的需要，不得不如此。在纯男性或纯女性部门中，经常有人发牢骚，情绪非常不平稳。于是有人建议安置一些异性进去，结果情况大为改观，他们不再那么愤世嫉俗，而且工作情趣陡升，工作绩效也大为提高。

现在越来越多的人都认识到，办公室内若有异性存在，就可松弛神经，调节情绪。男女混合编制，不但能提高工作效率，也可成为人际关系的润滑剂，产生缓和冲突的弹性作用。但是，男女混合编制要掌握一定的平衡规则。在众多男性中只掺杂一位女性，或者许多女性中只有一位男性，这样做也是不妥的。有效的男女编制至少要有 20%以上的异性，同时也都希望彼此年龄能够相仿，因为彼此年龄悬殊，可能会形成代沟，也不会合得来。现代的年轻人，多半认为男女交往是一件正当的事，对自己的行为也大多能负责，所以无须过分担心。

工作上不可能有男女混合编制时，应经常举办康乐活动或男女交谊团体活动，增加男女交往机会。不妨鼓励员工多参加团队以外的活动，对团队是裨益良多的。

平衡互补的人力配备在团队管理中地位越来越重要。团队规模越大，越需要在其人才结构中体现这一原则。

及时清除团队内的“野狗成员”

如果以业绩为纵坐标、以价值观为横坐标，我们可以将最基本的团队成员分为五类人。

一、牛。团队中大部分员工都属这类。他们拼命做事，干劲十足，无论业绩或价值观，“牛”都是中坚分子。

二、明星。业绩高，替团队干出成绩的，同时价值观亦完全配合团队精神。

三、小白兔。这批人价值观极度符合团队精神，可惜业绩差。

四、狗。业绩差而价值观也差。

五、野狗。业绩特别超卓，但是其价值观彻底与团队相悖，即完全不遵循团队的游戏规则。

对于白兔类的员工，可给予他们两至三次机会，尝试培训及提升他们。白兔之中，有的很可能发展成“牛”，甚至是将来的“明星”。但若他们的业绩依然停滞不前，就应当狠下心肠，不能仁慈，立即解雇，否则，他们将会成为破坏组织建设的罪魁祸首，对“明星”及“牛”也不公平。

狗类员工，既无业绩，价值观又与团队精神相悖，自然应该马上炒掉。如果碍于野狗类员工卓越的业绩而纵容他们，对于团队来说则是非常危险的。

有的销售员业绩非常高，但经常抢单，甚至贿赂，价值观与团队或企业完全相违，纵使他们可以把客户带来，他们同样也可以把客户全部带走，给团队造成无可挽救的恶果。这种人最危险，最要防范。决不能手下留情，应把“野狗”公开“枪毙”，让团队上下有所警戒，不能蓄意逾越游戏规则。管理者千万不要被短暂的效益蒙蔽，为了组织的长远的稳定，野狗不能不除。

开除“野狗”，正是因为不能让一颗老鼠屎坏了一锅汤，也正是大家熟知的“酒和污水定律”：如果把一匙酒倒进一桶污水中，你得到的是一桶污水；如果把一匙污水倒进一桶酒中，你得到的还是一桶污水。

日本伊藤洋货行的岸信一雄是个经营奇才，但他居功自傲，不守纪律，屡教不改，老板最终还是下决心将其解雇，以一儆百，维持企业的秩序和组织纪律。

伊藤洋货行的董事长伊藤雅俊突然解雇了战功赫赫的岸信一雄，在日本商界引起了不小的震动，就连舆论界也以轻蔑尖刻的口吻批评伊藤。

人们都为岸信一雄打抱不平，指责伊藤过河拆桥，将三顾茅庐请来的一雄解雇掉，是因为他的“油”给全部榨完了，已没有什么可利用的价值了。

在舆论的猛烈攻击下，伊藤雅俊理直气壮地反驳道：“秩序和纪律是我的企业的生命，不守纪律的人一定要处以重罚，即使会因此减低战斗力也在所不惜。”

是什么原因让伊藤雅俊如此坚决地解雇掉岸信一雄这位有功之臣呢？

事情还要从十几年前说起。

岸信一雄是由“东食公司”跳槽到伊藤洋货行的。伊藤洋货行是以从事衣料买卖起家，食品部门比较弱，因此从“东食公司”挖来一雄。“东食公司”是三井企业的食品公司，对食品业的经营有比较丰富的经验，于是有能力、有干劲的一雄来到伊藤洋货行，宛如是为伊藤洋货行注入了一剂催化剂。

一雄的表现果然非凡，十几年间将业绩提升数十倍，使得伊藤洋货行的食品部门呈现一片蓬勃的景象。

从一开始，一雄的工作态度和对经营销售方面的观念的伊藤呈现极大的不同，随着岁月的增加，裂痕愈来愈深。一雄属于新潮型，非常重视对外开拓，善于交际，对部下也放任自流，这和伊藤的管理方式迥然不同。

伊藤是走传统、保守的路线，一切以顾客为先，不太与批发商、零售商们交际、应酬，对员工的要求十分严格，要他们彻底发挥他们的能力，以严密的组织作为经营的基础。伊藤当然无法接受一雄的豪迈粗犷的做法，伊藤因此要求一雄改善工作态度，按照伊藤洋货行的经营方法去做。

但是一雄根本不加以理会，依然按照自己的做法去做，而且业绩依然达到水准以上，甚至有飞跃性的增长。这样充满自信的一雄，就更不肯修正自己的做法了。他说："一切都这么好，证明这路线没错，为什么要改？"

为此，双方意见的分歧愈来愈严重，终于到了不可收拾的地步，伊藤只好下定决心将一雄解雇。

这件事情不单是人情的问题，而是关系着整个企业的存亡问题。对于最重视秩序、纪律的伊藤而言，食品部门的业绩固然持续上升，但是他却无法容忍"治外法权"如此持续下去，因为这样是会毁掉过去已辛苦建立的企业体制和组织基础的。

从团队的大局来看待这一事情伊藤的做法是正确的，严明纪律的确是不容忽视的。

几乎在任何团队里都存在几个难摆弄的人物，他们存在的目的似乎就是为了把事情搞糟。他们到处搬弄是非，传播流言，破坏组织内部的和谐。最糟糕的是，他们像果箱里的烂苹果，如果你不及时处理，它会迅速传染，把果箱里其他苹果也弄烂，"烂苹果"的可怕之处在于它那惊人的破坏力。一个正直能干的人进入一个混乱的团队可能会被吞没，而一个无德无才者能很快将一个高效的部门变成一盘散沙。团队系统往往是脆弱的，是建立在相互理解、妥协和容忍的基础上的，它很容易被侵害、被毒化。破坏者能力非凡的另一个重要原因在于，破坏总比建设容易。一个能工巧匠花费时日精心制作的陶瓷器，一头驴子一秒钟就能毁掉它。可见，团队的精神是多么可贵了，一个优秀的团队意味着每一名成员都是优秀的，其一言一行都代表着这个团队的形象。

在团队管理中，对于问题员工绝不能听之任之，否则对团队建设造成的伤害将是其业绩所无法弥补的，但也不能简单地开除了事。一名懂得如何带领团队的管理者应该认真分析员工出现问题的根源，找到适当的解决方案。

更新组织结构，打破组织的藩篱

团队的组织结构越来越复杂。特别是对于那些业务跨越多个行业的团队来说，由于各个业务部门之间的业务各有不同，团队常常会陷入因组织机构过于庞大而沟通不畅的苦恼中。业务发展越快，这种沟通不力越明显，大量的资源因此被浪费，团队的运营效率大大降低，团队的运营成本因此而提高。

在不考虑人员素质影响的条件下，部门功能的错位或者易位应当是造成部门沟通障碍的最主要的因素。部门功能的错位或者异位的具体表现有：1. 部门业务圈的非正常扩大；2. 部门关注圈的非正常扩大。部门功能的错位或者易位是几乎所有团队都或多或少存在的一种普遍现象，造成这种现象的最主要原因是本位主义和团队管理者扩大影响圈的个人偏好。这种现象会随着公司发展速度的不断加快而愈演愈烈，成为阻碍团队前进的巨大障碍。

在 20 世纪 90 年代中期，壳牌公司面临一个新的机遇，就是在深海里发现了油田，从而增加了公司的产油潜力。但公司同时也碰到了一个挑战，就是过去从未在深海区进行过石油开采，而且公司现有的生产、勘探方法与技术不能用于深海作业。为了获得高额的收益，公司进行了不懈的努力。

一开始，公司成立了与企业内部其他部门平行的深海作业部。该部由两个次级单位组成：勘探处与开采处，每个处又由若干功能各异的科组成。但是，在开始运作之后公司发现，由于各个部门的职能不同，两个作业部之间的交流受到了很大限制，下属组织间的交流非常少，而且效率低下。

为了加强部门间的沟通，促进知识的共享，加快创新速度，壳牌公司宣布了重组计划，将深海作业部分成三个处，这些处是根据油气资源所在的地理位置而形成的，因此又称为资源处。公司成立了交叉功能科来促进各处间的交流，三个资源处均由各种学科的人员组成，既有地质学家又有采油工程师。各个资源处的人员都可以向负责整个项目的项目经理汇报项目进展情况。

随着项目的进展，公司还对员工的层次和成分进行了相应的改变，不断根据需要增加和减少专业技术人员。这种在组织机构和管理制度上的改变，立即带来了员工工作和交流方式的变化。作为某一资源处的成员，员工对于各个工作程序的进展和相互影响都很清楚。更重要的是，由于知识的及时交流和共享，创新的思维更容易在不同的学科间传播。

在随后的时间里，为了进一步扩大知识的共享和交流，公司还成立了知识共享社区，使得知识的共享不会出现断断续续或是难以形成体系。

通过上述两个步骤的知识共享体系设立，壳牌实现了两个成果：有效地降低了成本和提高了石油开采的准确率与质量。例如：在化学分析方面，公司使某个勘探区内的研究成本降了 60%。

壳牌公司采用了一个简单而又常用的方法来促进团队间的沟通和知识的传递与共享，这种组织结构方法已被证明为实现功能交叉协作时最有价值的方法。公司的实践也证明，团队间的知识共享的体系必须根据事业发展而不断进行调整。可以说，进行组织机构调整，实现企业内部的有效沟通，已经成为现代企业组建先进团队的先决条件之一。

BT 集团目前是全美的硅产品生产基地，他们之所以能够有今天的业绩，其组织机构的及时调整功不可没。

过去，BT 集团是一个拥有电子、电器等多行业产品的集团企业，组织机构非常繁杂。企业的组织结构包括集团内的决策层和执行层、职能部门的管理层和执行层，还有各工厂的管理层和执行层，组织结构层层叠叠，多至五到六层。当时 BT 集团的组织机构看起来很像一个等级分明的金字塔，这样垂直沟通的组织结构使企业的大规模生产和管理效率之间的矛盾越来越突出，制约了企业的进一步发展。

此时，管理者意识到，公司只有进行企业组织机构的调整，才能获得新的发展。针对原来组织机构的弱点，公司将管理层中过多的层次统统砍掉，并集中所有资源进行硅产品的专业化生产。经过组织机构的变革，公司最终形成了只有决策、管理和执行三个层次的“三层结构制”，把一个集团化的庞大组织变成了一个简单而便于沟通的结构。这样，企业对市场的反应能力得到了大大加强。

目前，BT 集团下设八大条线划分的八大独立管理体系，分管生产、技术质量项目、行政、外贸、内贸、策划、市场研究、供应等各个领域。经过组织结构的变革，企业内管理面显然得到了拓宽，各基层的工作也能一步到位，实现准确沟通。以前那种层层上报、层层审批的模式已被彻底废除。

尽管管理者的管理跨度加大了，工作压力也大了，但是由于克服了过去沟通不畅、管理容易流于形式的缺陷，企业的管理效率得到了显著提高。此外，集团还根据其竞争战略进行了有针对性的培训，以充分发挥现有组织结构的优势。

所以，团队内部组织间的有效的协作沟通是战略得以实施的保证，如果没有一个有利于信息交流和反馈的组织结构，团队设计出再好的战略也无济于事。而一旦沟通协作不好，就可能出现扯皮、推卸的现象。团队要在竞争中做出及时而正确的反应，就必须进行团队内部的深层次改革。不仅要发挥各个业务部门的自主性，同时也需要建立起有效促进横向沟通的机制，使团队能够充分发挥自主激励机制与共享机制的长处。这样的团队结构才能为企业创造不断发展的潜力。

公司的业务发展越快，因为组织机构臃肿而导致的沟通不力越明显。没有及时准确的沟通，团队就会陷入创新不力、管理低效、凝聚力下降等一系列困境中，大量的资源因此被浪费，团队的运营成本因此而提高。更严重的是团队的战略目标难以实现，甚至还会失去原有的竞争优势。团队各部门之间的合作障碍是目前所有团队都必须面对的管理难题。从某种程度上说，哪个团队内部部门间的协调更科学、更流畅，哪个团队就更加具有竞争优势。

团队管理要少，还要管得更好

企业的竞争集中体现在人力资源的配置上，而配置的优化需要企业的团队结构来实现。某些团队的人才并不差，但却受制于复杂的层级制结构。管理层次太多、效率低下的缺点抵消了人才优势。特别是一些大团队管理层次过多，管理中心下达的指令必须经过许多层次的接转才能到达生产或业务现场，并且在信息传递的过程中，由于层次多，产生误差的几率大大增加，经常出现信息失真现象。这就要求团队在必要的时候，要懂得轻装上阵。

1960 年 10 月 17 日，也就是韦尔奇上班的第一天，他就感觉到了 GE“令人窒息”的官僚主义气息，并一度决定离开这家公司。多亏一位非常有远见上司的极力挽留和特别承诺，才使他在最后关头改变了主意，决定继续留在 GE。结果，同事们为他举办的“欢送会”，变成了韦尔奇决定留在 GE 的“新闻发布会”。

在升任董事长兼首席执行官之前的21年里，他对GE内部官僚体制的认识愈加深刻，也愈加深恶痛绝。他认为GE已产生了“广泛的、过度的官僚体制，它窒息了创造性和激情”；“它浪费了GE无数的财富”；它使沟通变得异常困难，以至于在正式会议上，不少经理不得不靠从幕僚那里得到的“内幕消息”来吓唬下级（因为正规的报告里几乎没有真实的信息）。

因此在上任之后，尽管有来自方方面面的压力，韦尔奇依然决定重击官僚主义，而且是要“果断地采取行动”。

在GE当时的40多万名员工中，有2.5万人具有“经理”头衔，其中的500名是高级经理，130名是副总裁或者处于更高的地位。太多的员工及管理人员不仅消耗了大量宝贵的资源，更使公司内部沟通困难、人浮于事，不能对外界的变化采取及时的行动，从而极大地削弱了公司的竞争能力和盈利能力。

在“整顿，出售、或者关闭”战略思想的指导下，韦尔奇毅然发动了大规模重组活动。重组涉及GE内部350个业务组织的每个角落，包括这些组织中的首席执行官。在5年的时间里，总量超过11.8万、约占公司25%的员工在大规模重组中失去了工作岗位。更令人惊叹的是，经过持续努力，从1981年到1992年，公司总部的行政管理人员从1700人减少到了400人，而GE在此期间则一直保持高速增长。用韦尔奇自己的话来说：“我们管理得越少，却管理得更好了。”

重组和裁员后的GE看起来比以前更小也更加灵活，管理费用大大降低，同时也为下一步改革做好了准备。

首先是减少管理层次。在1980年底，GE内部拥有“太多的管理层级”，2.5 万名经理平均每人只负责 7 个方面的工作。从韦尔奇本人到工厂之间共有 12 个管理层级、5 个主要管理层：公司、区域部、事业部、事业分部和工厂。更令他不能容忍的是，这些管理者“除了审查下级的活动之外几乎什么也不做”。同时，由于机构庞大、管理层次过多，公司的人心难以凝聚，决策过程复杂而漫长，难以适应瞬息万变的市场竞争需要。

针对这种情况，韦尔奇将过去的 350 个事业部重组为 38 个战略经营单位，并在 1987 年进一步合并为 14 个产业集团。主要管理层也相应地由原来的 5 个减少到 3 个，形成了公司 - 产业集团 - 工厂三级管理体系。

此举消除了“不必要的指挥关系”，各主要管理层的权限和责任也更加明确，依次为：投资中心、利润中心和成本中心。每个管理者平均负责的工作由原来的 7 个变为 15 个，在工作效率提高的同时，因职责范围的扩大而有效地锻炼了人才。另外，决策点的前移使决策变得更灵活、更迅速，企业的竞争能力相应增强。

惠普公司也是精简机构，轻装上阵的成功典范。

在实行精简以前，惠普公司有着很宽的产品线，从高端服务器到低端打印机，产品和服务达 80 多种。以前，惠普公司的组织模式按产品划分为 17 大类，每个产品部门再以客户为中心进行部门划分，如市场、销售、服务、研发等。惠普公司拥有庞大的组织层次：全球 400 多个分公司，80 多个产品中心、销售部门、生产厂、市场部和财务部。

惠普公司前CEO卡莉决心改变这臃肿的组织层次，把惠普公司变成“全面客户体验”服务模式。这就需要把条块打散，把众多的部门重新整合，并按照客户种类和需求进行划分。卡莉只花费了两个多月时间，就完成了精简的手术：所有销售部门统一起来，然后按不同客户重新划分成全球客户、大客户、中小客户三大部门；所有从事技术研发和生产的部门也重组成三大部门，分别是计算机系统部、图像及打印系统部、消费电子产品部。最终，整个塔腰的格局演变得非常简单：前面三个客户销售服务部门，后面三个产品部门。改革之后，惠普公司的每一位销售人员所代表的都是惠普全线的产品和服务，而且客户从选购到服务的整个过程中，惠普公司都有专门的人员一直与客户保持互动关系。对于客户来说，惠普公司只有惟一的出口，而不再是17个出口。

相比而言，IBM的精简之路要曲折一些，但结果同样令人赞叹。

IBM公司简直就是一头“大象”，但是它绝对是一家善于精简的公司。在1980年以前，由于组织极其臃肿复杂，公司领导层总是无法掌握业务层面的真实面目，于是赶紧砍掉了许多官僚机构，建立了直接向主席报告的任务小组，之后才研究PC机，并且占有了80%的市场份额。但是1985年以后，IBM公司又原地踏步，该年经历了50亿美元的巨额亏损，它又像一个垄断者一样臃肿和官僚（一个执行副总裁与主席之间至少有7个管理层），“大象”又开始笨重起来。这倒是给了郭士纳大刀阔斧的机会，他自1993年以后就致力于通过精简让“大象”跳舞。郭士纳的精简方法很简单，就是加法和减法，先把IBM公司不具有竞争力和亏损的业务全部采用减法卖掉（硬盘、管理软件、一些大楼等），然后把IBM具有竞争优势的资源全部加在一起，整合成四大业务集团，分别是硬件集团、软件集团、全球服务集团和技术集团。谁都知道，IBM公司从此一路好转，成为全球最具潜力的技术公司。仅仅是IBM全球服务部，自1996年组建以来，到2001年时，年收入就达到了惊人的250亿美元。郭士纳为IBM公司精简的惊人成果：5年创造了一个三星电子（年收入也是250亿美元规模）。“大象”开始跳起了欢快的舞蹈。

所以，对团队的管理从某种程度来说是越少越好。过去的管理者是“经理”，表现为控制者、干预者、约束者和阻挡者；现在的管理者应该是“领导”，表现为解放者、协助者、激励者和教导者。有人说最好的管理是“不去管理”，并非认为管理者可以自由放任不进行管理，而是强调不要陷入过度的管理之中。聪明的管理者会把管理行为界定为：清楚地告诉人们如何做得更好，并且能够描绘出远景构想来激发员工的努力，就是“传达思想，分配资源，然后让开道路”。

经营管理的规范过度必然使团队的各项活动变得迟缓。管理不需要太复杂，因为经营活动实际上非常简单；你熟悉有限的竞争对手和自己的营销市场范围，这种熟悉的程度远远会比从 2000 个选项中进行选择来得简单容易。成功有效管理一个团队的秘诀在于确信团队所有的关键决策者都能了解所有同样关键的实际情况。如果他们充分了解了实际情况，大家就会在如何解决实际问题中达成一致的结论。所以对团队是：管理越少，团队越好。

第二章

科学决断，让团队赢在起点

战略问题是团队工作的起点，是团队在竞争中求得长期稳定发展而制定的全局性行动总方案；是在把握了团队成功的关键因素的基础上制定出来的，在团队管理中居于高屋建瓴的地位。团队没有方向就没有未来，团队不谋长远就没有立世的根基。所以，管理者要懂得科学决断，确定科学战略，让团队赢在起点。

用战略规划让团队赢得成功

一般来说，团队乃至企业的战略决策必然是建立在一个不完全信息集基础上的，即在现有已知信息条件下取得最优决策、最优成果。在信息集随着时空变化而变化的情况下，最优决策凸显不连续、跳跃性位移，因而使得原有的最优决策变得不是最佳，甚至变成较劣决策。因此，在不完全信息状态下的决策就不是经典经济学中计算机化的最优决策程序下的结果，而是管理者在已有不完全信息情况下，对未来情势变化做出个人估计判断基础上，做出的最优决策，这种决策的前瞻性、科学性和正确性与管理者自身的异质型人力资本素质有着极大的关联。

对于有带领一个团队成功经验的管理者来说，他们大多具有一个强大的自立基础，这就是专业能力，即异质型人力资本型的信息资本，从而他们被视为知识和技能的管理者。因此，具有较强技术发明决策能力的管理者可以使团队抢占行业发展的技术制高点，在市场竞争中处于最有利的地位，避免宏观经济的变化给企业带来困难与灾难，在政府经济政策中寻找合理、合法的对策等。因此，作为团队的主导者，做出正确的决策是团队生存的关键。

微软公司1995年曾遇到巨大的危机，由于忽视了国际互联网快速发展的意义，微软在这一新的软件市场中相对于网景等公司明显处于下风。这一问题被发现后，盖茨带领微软公司立即实行战略性重组，巨额投资开发互联网软件，最终扭转劣势并占有了一定的市场份额。

从一定意义上说，现代企业之间的竞争是企业战略定位的竞争，战略定位决定团队的发展。

亨德森一生致力于观察、分析和拟定公司的竞争策略，他曾经在李蓝电气公司工作过。李蓝电气公司是制造油泵马达的小公司，它制造的油泵比美国任何一家公司都多。

为什么一家仅有数百名员工的小公司，所制造和销售的油泵马达要比通用电气和西屋电气这种大公司价格低很多，却依然还有利可图呢？“因为它销售的是‘有所差异’的马达。”亨德森研究之后说。

或许这种差异对很多人来说并不重要。但对购入和装配这种马达的油泵制造商来说，这种差异就非同小可。油泵马达必须能防止爆裂。大多数制造商对自己采用的马达都有特殊设计：轴柄稍有不同，或是装马达的方法稍有不同，或是气孔的规范稍有不同。由于李蓝电气公司主要的生意就是制造这种稍贵的马达，因此它必须按照产品的特殊目的重新设计成适用的马达。

西屋电气也制造油泵马达，但它主要的生意是一种标准化、轻便型的一般用途马达，因此该公司把这种马达装上铸铁罩之后，就把它当作防爆式油泵马达，而这具铸铁罩的制造成本却不低。

西屋电气的成本当中包括标准型马达、铸铁罩成本，以及装上铁罩的成本。西屋电气必须在生产线上制造这种产品，结果使原来的高速生产流程受阻。而李蓝电气公司制造这种马达的成本只有西屋电气的1/2。由于成本和售价是产品本质当中的主要部分，因此亨德森做出了这样的结论：李蓝电气公司在销售的是一种与西屋公司有所差异的产品，李蓝电气的马达不但便宜，而且更适合特殊目的使用。由于小公司更能掌握马达的成本，顾客也知道这一点，因此就比较信任李蓝电气的马达。

小小的李蓝电气公司能够抗衡强大西屋电气的原因是寻到了自己的产品位置。正如亨德森所指出的，同样产品的成本结构常常大不相同：这是因为费用分摊、行销成本，或是产品设计的不同而产生的。这种成本的差异叫人难以相信，而每一家成功的公司也都会表示："我们的成本结构很好，因为我们的管理比较好，因此我们能赚钱。"然而它们的成本能比竞争者低，真正的原因在于它们做生意的方法在基本上有所差异，这种差异也就会在成本上反映出来。

亨德森的说法是："对每一位竞争者来说，它的位置就是它在顾客和服务上享有相对于竞争者的竞争优势。"

小小的李蓝电气公司能够在竞争对手如林的夹缝中成长，主要得益于它成功的战略定位。当各个团队面对同样的市场环境时，如何节约成本，打造核心竞争力就是管理者应考虑的了。这其中就涉及到一个战略定位的问题。李蓝电气公司制造了"有所差异"

的马达，这正是其经营战略成功的关键所在。这样的马达的生产成本大大低于它的竞争对手西屋电气，所以产品自然会取得成功。

洞察细微，做出确切判断

作为管理者，当你让你的团队去做一件事情的时候，你首先要进行周密的分析，把这一事物的性质和发展的趋势以及形成的结果，都要做一番精密的判断，当你认为整个事物的发展过程和最后结果与自己所分析的很接近时，你便可以做出决策。

在这样的决策之下，团队行动就有了指向，团队的目标就会实现，团队就会走向成功，走向辉煌，就像下面故事中索罗斯一样。

1944 年，欧洲各地的犹太社区大多已被纳粹扫平，乔治·索罗斯一家躲在布达佩斯的地窖之中，他们持有非犹太人的假身份证明。索罗斯称，1944 年是他生活中最快乐的一段时光，他从生死危难中学会了生存的技巧，这其中的两条经验对他以后的投机生涯很有帮助，第一是不要怕冒险，第二是冒险时不要押上全部家当。这两条经验，使他每次的决策看来都是那样的英明。

1956 年，26 岁的索罗斯结束了他在伦敦一家银行的工作，揣着 5000 美元来到了美国的华尔街。他先后做过套利交易员和金融分析师。1969年，索罗斯与杰姆·罗杰斯合伙以25万美元创立了“双鹰基金”，专门经营证券的投资与管理。1979年，他把“双鹰基金”更名为“量子基金”，以纪念德国物理学家海森伯。海森伯发现了量子物理中的“测不准原理”，而索罗斯对国际金融市场的一个最基本看法就是“测不准”。这位曾苦苦研读哲学、想当个大知识分子的商人认为金融市场中毫无理性可言。

20世纪70年代后期，索罗斯的基金操作得十分出色。他说：“我和基金融为一体，它因我而生，我和它生活在一起，睡在一起。”

1980年，他最初的合伙人杰姆·罗杰斯离开了“量子基金”，骑着摩托车去周游世界。他带走了公司20%的股份，价值1400万美元。索罗斯80%的股份价值为5600万美元，索罗斯由此创立了他的第一家慈善基金会。

1992年9月，索罗斯对英镑的狙击成为国际金融投机领域的传奇。9月15日下午5时许，索罗斯坐在曼哈顿中区一栋俯瞰中央公园的摩天大楼的33层办公室里，他一周之内调动了100亿美元，赌英镑的下跌。他的专用办公室外是员工办公室，那里贴着一幅用计算机打出来的条幅：“我生而贫穷，但不会穷死。”

从索罗斯的巨大投资额、信心百倍中，可以感觉到他又做了一个重大决策，这个决策将会成为他在金融界的一个大手笔。

索罗斯来到办公室只为了感受一下这场金融史上最大的一次赌博的气氛。随后，他回到在纽约第五大街的寓所，吃了一顿简单的晚饭之后就上床休息。

早在1990年英国加入欧洲汇率机制（简称ERM）之时，索罗斯就在等待。在他看来，英国犯了一个错误，因为ERM，就等于把自己和西欧最强的经济体——统一后的德国联结在一起，英国将为此付出代价。1992年，英国经济状况越来越糟，失业率上升，通货膨胀加剧。英国首相梅杰在格拉斯哥对苏格兰英国工业总会演讲时说："软弱的选择、贬值论者的选择、助长通货膨胀的选择，在我看来，是在此刻背叛我们的未来。我可以十分明白地告诉你们，那不是政府的政策。"

应该说，正是梅杰政府的决策为索罗斯提供了好机会。他在1988年已经把基金会的大部分工作交给了年轻有为的斯坦利·杜肯米勒管理。杜肯米勒针对英国财政的漏洞，想建一个30亿到40亿美元的放空英镑的仓位，索罗斯的建议是将整个仓位建在100亿美元左右。这是"量子基金"全部资本的一倍半。这意味着索罗斯要借30亿美元来一场大赌博。

1992年9月16日，英国金融界将之称为"黑色星期三"，财务大臣拉蒙特在一天内两次宣布提高利率。但对索罗斯来说，那个星期三是阳光明媚的。美国东部的时间早上7点，杜肯米勒打电话叫醒了睡梦中的索罗斯："乔治，你刚赚了39.58亿美元。"后来表明，索罗斯在那个"黑色星期三"赚得将近20亿美元，其中10亿来自英镑，另外10亿来自意大利里拉的动荡和东京股票市场。整个市场卖出英镑的投机行为击败了英格兰银行家，索罗斯是其中一股最大的力量。

在1992年9月的传奇中，索罗斯赚得的钱等于从每个英国人手中拿走了12.5英镑，但对大部分英国人来说，他是个传奇中的英雄。英国民众以典型的英国式作风说："他真行，如果他因为我们的政府的愚蠢而赚了 10 亿美元，那他一定非常聪明能干！”

通过上面故事可以看出分析决策是多么的重要。有它为你做支柱，做基石，你便能掌握于帷幄之中，决胜于千里之外。

索罗斯纵观金融市场动作，做出周密的分析，这样便为他做出英明决策提供了强有力的依据。他以特有的洞察力发现了英国经济的衰败，经过仔细分析，在脑海中形成一种动作方式，从而果断地做出狙击英镑的决策，取得了辉煌的胜利。任何胜利和幸运是不会慢待像索罗斯这样的人，它们给了他特别的关照。在团队管理中，如果你进行了正确的分析和决策，胜利的光环也定会惠顾你的，你也会因此成为一个伟大的团队管理者。

认清事物的发展方向或前途

作为团队的管理者，分析决策的能力是通向成功之门的钥匙。因为无论在什么样的事物中，只有进行明细分析，合理推断，这样你才能摸拟一个事物形成的整个过程和结果。通过这一模拟，你便能做出一个坚定的决策，在这一决策对你的帮助下，你的智商越来越发达，会挖掘出自己以往没有的潜能。

在最短的时间内，做出最可行的决策。就要求在决策时少兜圈子，不要白白浪费自己的时间和精力。从而提高你的办事效率。

说起杰克·韦尔奇来可以说家喻户晓了，因为他是世界第一经理人。

1965年，杰克成了通用电气公司PPO工艺开发项目的领导人，与他一起的5人小组的任务是将PPO转变成具有商业价值的产品。但这种材料看起来并不具有潜在的市场价值，因为它很难塑造成型。但杰克认为发展需要一个过程，他当即做出决策——坚持搞下去。后来终于找到了突破口，制成了一种在高温下具有很高的强度，并且容易塑造的材料。这种塑料制品的商业名称，叫“诺瑞尔”。

像杰克这样掌握团队决策大权的人物，关键时候一个正确的决策，能把团队带入一个前所未有的境界；能使一个团队轻而易举地走向成功。

1965年，杰克劝说通用电气公司接受他的决策，由他建造一座价值1000万美元的工厂生产诺瑞尔。到了该指定一名经理的时候，没有几个人愿意接受这个工作。在化工材料企业搞聚碳酸胺脂的科学家们，都不准备拿自己上好的职业做赌注，为一种没有证明有商业价值的产品去冒险。只有杰克渴望这个工作，他的请求被答应了，不久工厂的设施到位了。

但此时，搞聚碳酸胺脂的人们与诺瑞尔的开创者之间的矛盾激化了，杰克知道这是场艰苦的战斗，他发挥出了搞技术的人们所缺乏的那种能力，那就是销售产品的能力。他认为，应该先把诺瑞尔卖给通用电气内部的诸多企业。当时，所有的家用器具都是用金属制造的，人们还不曾想，假如用塑料代替金属，可以使产品变得又廉价又轻便。杰克到公司内部的器具企业去提出这个建议时，他们最初的反应是小心翼翼的。

然后杰克在他的工厂用诺瑞尔制出了电动罐头起子，而不是用金属，这样他就有了一种可以销售的终端商品了。他把起子向人们展示之后，人们相信，诺瑞尔还可以有许多其他用途，包括汽车车身和计算机外壳等。由此杰克获得了“优秀市场分析家和决策人”的称号。但是，在当时塑料企业 2600 万美元的销售额中，诺瑞尔仅仅占了 150 万美元，而聚碳酸胺脂却占了 900 万美元。1968 年，杰克当上了以上两个塑料制品的领导人，成为通用电气公司最年轻的一位总经理。

现在他可以销售最富有潜力的塑料制品——聚碳酸胺脂制品。有了它，杰克才有能力用通用电气公司的塑料、将企业推向更高的高度。由于当时的市场对塑料制品的需求不大，杰克开始到处奔走相告，几乎走遍了可去的大小市场，不断地让那些婴儿奶瓶、汽车、小器具用品的制造商们了解：利用塑料来制造这些东西，不但便宜、轻巧，而且更加耐用。塑料推销一般是由技术人员担任，大都缺乏丰富的想象力，他们的倾向是用非直接的方式和不与人直接打交道。杰克从中看到这个缺口，他认为塑料企业也要像其他企业那样，重视客户服务，在推销时要一把扼住客户的喉咙，即使做不到这样，至少也得握住他们的手。这为通用电气公司日后确立服务理念打下了基础。

杰克和他的工作小组经过短暂的碰头分析，做出了一个更具影响力的决策。那就是设计了一则电视广告，广告中有一对野牛冲进了一家瓷器用品店，结果里面所有的东西都摔得粉身碎骨，只有塑料制品完好无损。这个广告获得了空前的成功，聚碳酸胺脂的使用终于引发了制造业的材料革命，美国消费者对这种比金属和玻璃优点更多的材料十分青睐，它成了世界上最为重要的塑料。杰克负责的塑料企业首次升格为一个部级企业。

在塑料部的工作为杰克一生的成功奠定了根基。他说："我这一生中最兴奋，同时也是最值得纪念的时光，是那段与工作小组的同事们经过共同努力，做出正确分析和英明决策，最后使塑料部门在皮茨菲尔德突破成长的璀璨岁月。官僚体系是无法在这种环境中立足的，因为快速流动的水不会结冰。"

最后，杰克终于成为通用电气公司历史上第八位首席执行官，并且是最年轻的一位。

他是同行业的佼佼者，是制造业的骄傲，是消费者的福星。聚碳酸胺脂制品能走俏市场，80% 的原因来自于杰克在决策分析中的努力。从分析决策的过程中、从团队发展的进程中，以及最后发展结果来看，其中任何一个环节的成绩都与杰克当初的决策有一定关系。因为懂得分析决策，所以他在市场竞争中才可以占得一些领地，最后，经过他不断地努力终于取得了举世瞩目的成就。赢得了"世界第一经理人"的名声。

分析环环相扣，做到准确判断

在商业战场上，任何决策都离不开分析。如果你有一种高超的分析能力，你就能对事物做出准确的判断。才有利于做出英明的决策。有了这个决策你才能制定行之有效的办法。就这样环环相扣，精密地操纵下去，你说能有不成功的道理吗？

但在分析事物的过程中要有一种缜密思维，一次就把问题分析透彻，即看问题要看到它的骨髓里边去。这样做出的决策才是最具影响力的。如果你分析问题浮浅，做出的决策往往也是不可行的。事物的成功机率当然也会很低。请看一下下面的故事吧。

1945 年，一位 21 岁的匈牙利小伙子，身上只带了 5 美元来到美国闯天下，最后竟成了百万富翁。他到了美国后不断地调换工作，他说那些工作除了能果腹外，都不能展示他的能力。

有一次，他到一家生产日用品的工厂应聘，这家工厂只缺搬运工，而搬运工的工资是最低的，出乎意料的是他答应了，并彬彬有礼地问老板："你的工厂什么时间开门？"

"早上 7 点 30 分。"老板说，"不过，你 8 点来也没关系，来早了没有东西可搬。"

第二天早上 7 点 30 分，当老板来开门时，他已站在门外等候。他帮老板开门，并帮他做了一些每天的零碎事件。晚上，他一直工作到9点工厂关门时才离开。

上班第一天，他并不多说话，只是埋头工作，除了本身应做的以外，凡是他看到需要做的工作，总是顺手把它做好，就好像这个工厂是他自己开的。

经过了十几天，小伙子赢得了老板的绝对信任，老板决心把这份生意交给他打理。

自此以后，他的周薪由30美元一下子加到了175美元，几乎是原来的6倍。这样的高薪并没有把他留住，半年以后，他交了辞呈，决定要去当推销员。老板十分诧异，百般挽留也无济于事。

两年以后，他建立起一个庞大的推销网，据估计，很快他就会进入收益期，其每月的收入将在2000美元以上，会成为当地收入最高的推销员。但就在这个时候，他却把整个推销网络转让给别人。很多人都以为他是一个大傻瓜，更让人惊异的是，他把辛辛苦苦开创出来的事业卖掉，反而去收买了一个面临倒闭的工艺品制造厂。

他做出这样的决策让人很费解，原因是他整个打破了常规。人们都猜疑他“葫芦里到底卖的什么药？”答案可以从下面的记叙中找到。

他找到这个厂的主要股东，愿意以每股1美元的价格收购他们的股份，而如果等这家工厂破产，他只需花不到一半儿的钱就能买下，所以大股东毫不犹豫地答应了。他吃了这么大的“亏”，只提出两个条件：一，不负责公司旧的债务，他接手后的亏损由他自己负责；二，他虽然只占了20%的股份，但如果这个公司将来挣了钱，他的利益要占 90%。大股东为了自己的利益，最终说服其他股东接受了，在他们看来，他是个十足的傻瓜。

然而一年后，大家才发现他是一个绝顶聪明的“傻瓜”。在他的领导下，这家工厂起死回生。

他成功的奥秘在于他接手公司后，不是盲目改革，而是先仔细分析了公司的每一项作业程序，由定价到销售，由生产到管理，每一项决策都是由他亲自拟定后下达的。然后，他又针对公司的缺点，做了一系列的调整。

首先，他裁减了大批职员，把留下来的管理人员的职权和工作量加倍。当然薪水也是以前的两倍。被裁减的人觉得这个公司不值得留恋，被裁后毫无怨言；而留下的人，由于待遇提高，也增加了责任心。

第二步：他又做出了违背常理的决策——提高产品价格。有人担心，生意刚好一点就加价，会把顾客吓跑的。“不会的，”他很有信心地说，“我卖的不是日用品，消费对象并不是那些斤斤计较的家庭主妇。只要产品精美，服务周到，客人不会在乎贵一些的。工艺品这一行，不能随意降价，给人一种‘先买吃亏’的印象。”

“比如说，你家里买某公司的一套屏风，价格 1000 美元，有一天你到朋友家里去玩，看到与你家里那套产地、质量完全一样的屏风，只花了 800 美元，你心里是什么滋味？你对这家公司有何感想？”把相同产品价格统一，是他分析前任失败而得出的经营艺术品的不二法则。因为这些东西摆在客厅里，常成为来往客人的谈话对象，而这些评语加在一起的力量，往往会决定一个公司的命运。

5年以后，他在工艺品市场获得了极大的成功，但是他并没有就此满足，又开始寻找新的挑战。接着他买下了一家玩具公司。

这家公司比他买下来的工艺品制造厂的情况还坏。然而，他的兴致特别高昂。他还是采用老办法，一个部门一个部门地仔细分析，然后对它们分别做出决策。不到6个星期的时间，这个公司的面貌焕然一新了。

经过半年有计划的改革，以及他针对这个公司存在的缺点所进行的“对症下药”，这公司又开始挣大钱了，也就是说他又创下了一个奇迹。他就是美国商场中的“常胜将军”道密尔。

道密尔的成功秘诀就是仔细分析这些公司存在的失败原因，把一些总结成功的经验为已所用，使自己在商场中的竞争能力得到很大的提高。有了这样强的竞争能力没有办不成的事。

英明的决策都是产生在仔细分析之后，分析问题不仔细、不透彻，决策也就谈不上英明，要想到达理想的彼岸也就不这么容易了。所以，你在分析问题的时候要仔细，决策问题的时候要英明。如果真是到了这种境界的话，也就成为一个熟练的团队管理者了。

修炼自己，培养自己的决断力

管理者应该尽量避免以个人喜好去做判断，因为这样的管理者是无法培养出好的团队的。但毕竟管理者也是人，所以难免会将自己的偏好，反映在团体编制和营运上；如果太过极端地表现，将会使整个团体失衡，面临危险的处境。

很多管理者会重用自己喜欢的人，排斥那些他讨厌的人，结果导致正确讯息无法传达，因而经营失败。

管理者的判断能力和他是否能把握工作目标和方向有很大关系，如同皮鲁克斯所说“一个准确的判断可以减少许多工作麻烦”。

每个人都有自己的“喜好”，在团体里不见得都能和其他人相处融洽，这就牵涉到所谓“合得来”、“合不来”的问题。这些要素对工作有很大的影响，千万不能忽视。

一方面，受重用的部属对上司的赏识必定心存感激。另一方面那些被排斥的人，也会敏感地觉得：“上司不喜欢我。”然后他们开始排斥工作，甚至会故意破坏。表面上看起来这些人依旧服从管理者的命令，但背地里却有意无意地散布谣言，这是很恐怖的事。所以一位好的管理者，应该去学习倾听这些人的意见，发掘他们的优点。

有能力的管理者，不能依自己的“喜好”去接近或排斥任何人。相反的，要多接触那些和自己“不合”的部属，一面发掘他们的优点，一面感化他们。但这种方式或许到最后，又会受到自己的“喜好”所影响。所以，管理者应该要站在中立的立场，去评估“个人的能力”。总之，人际关系必须讲求施与受。

虽然服从命令的人，是管理者喜欢的类型，但这种人对团体而言，并无实际帮助。反倒是那些和自己不合，但对“团体有帮助”的人，才应该被重用。暂且不论私交如何，至少在公事上，管理者必须要有这种冷静的判断。不要让别人替自己下判断。作为管理者首先要使下属认识到领导的决断能力，当然知识水平也是非常需要的。有主见的管理者，坚持自己的正确意见，可以威慑下属，实际上也是暗地里警告下属“不要骗我”。

有自己的主见，能够管理有方，会使下属看到希望，愿意跟随在你的身边。现在的社会，人与人之间的关系变得非常脆弱，他们的纽带也许只是靠你的能力来维持。科学家对鱼类做了一个有趣的试验：

鱼类有一种共同的特性：在群居时，如果一条领头的鱼变得心神不定，其他的鱼就会离它而去，分散开去探索是否发生危险。如果其中有一条鱼表现得非常镇静，这些鱼就会聚集在它的身边继续前进。

科学家将一条鱼的大脑去掉，这条鱼与普通的鱼一样，却对危险没有知觉，它对离开群体也毫不在意。一旦它离开群体，自由地游来游去时，所有的鱼都会随它而去，即使前面就隐藏着危险。

人也是一样，只要觉得跟随你没有危险，会得到自己的利益，你的身边就会聚集很多人。因此，培养自己的决断能力对于管理者是至关重要的。严格执行既定的方针和策略，考虑周到后及时订出决策，突发事件当机立断，对下属的建议和工作结果提出自己的看法……以上都可以使下属觉得管理者有主见。

以下几种心理对正确判断有严重影响，应予以避免：

一是虚荣心理。虚荣心实质是一种扭曲了的自尊心，有这种心理的人往往缺乏自知之明，为了维护个人的名誉地位而不顾主客观条件，定高指标，只顾眼前的局部利益，甚至吹牛皮放大炮，弄虚作假，欺上瞒下，最终招致决策的重大失误。

二是独断心理。其特点是自以为是，固执己见，傲慢专横，家长作风一言堂，排斥科学决策和群体优化决策，听不进任何人的正确意见，总是毫无理由拒绝考虑别人的建议。

三是逆反心理。有这种心理的人，或者感情上与别人不和，总是对着干；或者过于好胜，不从实际出发，思想浮躁、偏激，总是对别人的方案吹毛求疵，非要大大超过对方不可。或者预先在思想上就有了“定势”，结果，别人提什么好的建议也容易当作耳旁风。

四是从众心理。有这种心理的人屈从于公众舆论或多数人的意见，或对权威盲目崇拜，他们依赖性强而独立性、自觉性差，更谈不到创新性。

五是自我辩解心理。有些人在选择方案，采取行动之前，一般比较谦虚理智，能听取不同的意见，一旦做出决定，其心理态度便发生了奇妙的变化。他们变得只乐意听取赞成的意见，而不愿意再听取反对的意见。即使许多意见确实有道理，确实证明自己认定的方案有缺陷、有失误，他们还是极力寻找支持自己的意见，极力为自己辩解。这种心理严重阻碍决策方案的修正和完善。

关键时候不犹豫，果断采取措施

一事当前，管理者必须拍板，这种决策的时机千钧一发，最能考验管理者的气魄和能力。管理者应该如何表现自己的决策能力呢？管理者在决策时要具有深思熟虑的特征和沉着稳健的风格，要表现出“稳扎稳打，步步为营”的作风，并且有层次地一浪高过一浪，一环套一环，最后形成正确的决策。这种决策还能打破常规性思路，朝着大家不敢想的地方去想。这样，往往能达到“柳暗花明”的佳境。

“该断不断，必受其乱。”古往今来，成大事者都有一个共同点：处事果决，当机立断。军事家在战斗中果敢明断就能把握战机；管理者在商战中果敢明断就能无往不利。如果优柔寡断，犹豫不定，良好的机遇一旦错过，时不再来，岂不悔之晚矣。

犹豫心理一旦渗入管理者的决策心理，管理者将会陷入一种尴尬的境地，欲左顾右，欲右顾左，内心深处的矛盾冲突便会一点一点逐渐在行为上表现出来，从而影响正常的管理工作。同时对管理者的情绪也会产生负作用，容易使人急躁不安，彷徨无措，导致被动和失败。

有犹豫心理的管理者，在即将决策前，原本深思熟虑的投资方略和经过认真细致制订的投资计划，在决策时或是忽然间产生了自我不信任感或是受到外界因素的影响，对自己已策划完善的投资计划产生动摇，最终得不到实施，会丧失获取投资收益的大好良机。

在团队执行过程中，犹豫心理导致管理者前瞻后顾，决策不明，错失时机的事情很多。这种现象有着一定的普遍性。公司投资过程是从产生投资动机开始，经过对自身主观状况和外界客观因素的综合分析，然后据此分析结果做出决策，最终将决策内容付诸行动。犹豫心理往往是在马上要行动的关键时候出现，使生意人改变决策或回过头来重新思考。等到再一次确认原决策正确，应该实施的时候，外因或内因已经起了变化，所决策的内容不能再正常进行了。

泰国一家用电器生产公司，通过很大的努力与日本一家公司取得联系，并初步拟定了可行性方案，“双方共同投资，日方提供技术，泰国提供厂地、人员”。如果双方达成协议合作成功，将对这个企业的经营和发展起到极大的推动作用。决策者认识到了这一点，仔细研究分析之后决定按计划实施。可是就当协议即将达成的前夕，另一家同行业人士在似乎是无意接触的过程中谈起自己与外商合作而遭受了巨大损失的经历。生动具体，生动处催人泪下，伤心处感人肺腑，语重心长，发人深省。如此一来决策者马上萌发了犹豫心理，对自己的决策产生了动摇，对前面做的各种分析开始怀疑，便找出借口推迟了签订协议的时间。当他最终还是决心执行原计划的时候，日方已与第三家同行公司正式签订了合作协议。原来这是两家同行公司设下的圈套，利用决策者的犹豫心理，坐收了渔利。

犹豫心理不同于稳重、谨慎。犹豫心理的产生与生意人的气质、性格、能力以及个人修养等方面都是有关系的。比如气质动力特性表现在心理过程中的速度较快、纯度较高、稳定性较好，犹豫心理相对就会少一些。

管理者应当明白：一个人出手时，既有获胜的机会，也有失败的危险。但是一旦决策好了，该出手时就出手。一个团队的管理者不仅在如何正确决策时要果断，在发现决策失误时，也应立即采取果断措施加以纠正，不应听之任之，这一点，是尤为难能可贵的。

身为决策者的你，如果决策时优柔寡断，不但会失去下属的信任，而且会使团队所面临的严峻形势变得更为复杂、一片混乱。

果断决策说难不难，说易也不易。不难是因为果断决策只是一种简单的选择：干还是不干？不易是因为果断决策不但需要魄力和勇气，更需要高超的技巧。

市场环境的不确定性、偶然性，不仅给团队管理者带来了危险与竞争，同时也带来了希望与机遇。在激烈的市场对抗中，团队的管理者假如不能发现机会，及时利用战机，就不可能正确地决策，团队的成功就无从谈起了。

第三章 提升员工，增强团队战斗力

在团队当中，员工的实际能力是团队的生命力之源，它直接决定了你的团队是否具有竞争力和生命力。管理者必须确保自己手下的员工有实实在在的真本领。所以，当你带领一个团队的时候，要不断对员工进行培训，激发员工潜能，以此来提升团队的能力，让团队与时俱进，保持团队战斗力。

员工培训需从更新观念开始

大多数管理者才华横溢，能力超群，在观念上具有前瞻性。但是，在人才培训方面还有部分管理者认识不足，甚至抱着消极的态度。所以要进行有效的培训，务必要从更新观念开始。

要更新观念，首先要来看看人们对培训有着什么样的误区，并对照自己的观念，看有没有需要更新之处。

1．培训是可有可无的

一些管理者认识不到培训是团队发展的新动力，他们想：这些年团队一直未搞培训，还不是一样照常运作？这种观念实在可怕。当今社会是个飞速发展的社会，各种知识日新月异。如果你的员工两年没有接受任何培训，他们的知识就已经落伍了。当前激烈的市场竞争关键是人才竞争，而人才的价值在于其积极的态度、卓越的技能和广博的知识。由于知识爆炸和科技高速发展，每个人的知识和技能都在快速老化。为适应社会环境以及市场的快速变化，企业人才素质的提高显得尤为重要。

2．培训收不到什么效益

目前许多企业经营者偏重广告投入，轻视显效期较长的“培训”投资。这主要是有些管理者错误地认为培训是一种成本，应该尽量降低，能省则省。以致企业效益差时，因资金不足就尽量减少培训或者干脆不培训。

实际上，培训是一种可获得回报的间接投资，它通过人才技能、素质的改变可提高工作效率，带来经济效益，其效果是潜移默化的、无形的。

3．团队目前经营状况良好，不需要培训

一些管理者常常说："我们的企业发展很好，是不需要培训的。"但真的是这样吗？未必。

据统计，世界500强企业的平均寿命为30年左右，美国的新企业80%在第二年就宣布倒闭。有些企业转向市场经济的时间并不长，但已感到市场经济竞争的严酷性。目前，经营状况良好，并不意味着未来会经营得更好，而且由于缺乏人才培训，使得经营状况原本可以更好的企业也表现平庸。成功企业的经验反复证明了一点。

4．培训只是培训部的事

一些管理者常常有这样的认识：员工是人力资源部招收的，培训部是负责培训的，员工素质不行是培训部培训得不好，出现问题不是我的责任。

其实培训是一项系统工程，不仅仅是培训部的事情，团队管理者需要在培训的前期准备、策划和选择过程中帮助和支持培训部，培训实施中还要加强监督、沟通和评估，以免造成培训项目事倍功半。

5．流行什么就培训什么

有的团队培训工作流于形式，表现在对培训课题的定位不明，针对性不强，流行什么就培训什么，表面上看，培训工作开展得轰轰烈烈，其实是无的放矢，效果并不理想。

培训的首要目的应该是满足团队或企业长期发展的需要，将培训与团队长期发展目标以及员工的生涯设计相结合，在深入的需求分析上有针对性地进行，才能够真正取得实效。

培训员工是一项很重要的工作，而建立起正确的培训观念，是促使培训工作能顺利进行和达到预期效果的前提。所以管理者在开展培训工作之前，一定要树立培训员工的正确观念。

把培养人才看成战略性投资

许多团队管理者认为员工培训成本很高，并且在短期内看不到什么效益。这种看法普遍存在，却是非常错误的。有经验的团队管理者会把员工培训费用看成是一种投资，而且是一种回报率很高的投资。

韩国三星集团每年的员工培训费用为5600万美元。早在20世纪80年代，电讯巨头摩托罗拉公司做过的一次调查表明：每1美元的培训费用，在3年内可实现40美元的生产效益。

著名企业管理学教授沃伦·本尼斯说："员工培训是企业风险最小、收益最大的战略性投资。"这句话阐明了现代培训的重要意义。

遗憾的是，有很多管理者并没有意识到这一点，他们只是一味地要求员工提高工作效率、提升产品质量。殊不知，一个只具有陈旧知识和技能的员工的公司，它的产品质量如何能够超过其原有的水平，它的生产效率又如何能够得到提高呢?

松下电器的创始人松下幸之助是一个很看重员工培训的企业家，他对全公司的员工都要进行培训，任何新到公司的人都要进行岗前培训，合格后才能上岗。

松下电器对培养人才的重视，使其每年支出的员工培训费和科研开发费约占其营业额的8%。所以说，在竞争激烈的国际市场中，松下电器赢就赢在其对人才的培养上。

在现代企业里，年轻的员工是企业的新鲜血液，是企业永远保持旺盛生命力的依托所在。因此，成功的管理者总是注重对年轻员工的培养工作，以便让他们迅速地成长起来，充实到企业生产的第一线，充当企业的生力军。

爱森公司是一家促销代理商，该公司为员工开设了一间“午间大学”，举办一系列内部研讨会，由外部专家亲临讲授，涉及的课题有直接营销和调研。此外，如果员工要考更高学位，这些学位又与业务有关，并且员工也能考出好成绩，公司则会全额资助。

该公司的行政总监杰弗里说：“我们将公司收入的2%投入

到各项培训教育中去。员工对此表示欢迎，因为这是另一种收入形式。”

员工培训是管理者的重要工作，日本的一些企业甚至明文规定，企业管理者有培养员工的责任，并将管理者是否有能力培养下级作为考察管理者是否称职的一个重要指标。

管理者应该把培训看作是对自己公司未来的战略性投资。许多公司的管理者将培训与员工的再教育提高到公司战略目标的地位。这些管理者认识到，有一个远景目标固然是件好事，但如果没有具备实现团队规划知识技能的员工，这个目标是永远不可能达到的。

管理者应该让员工们时刻接受挑战，使员工时刻都具有提高能力的热情。这样他们才能学到新的知识，改进已有的技能，公司才能不断发展壮大。

北美洲一家知名的保险公司曾有过这样的经历：

该公司实力雄厚，管理水平也很高，但却一直存在着一个问题，员工队伍不是很稳定，通俗地说，每年都有部分员工跳槽。

后来，该公司的员工跳槽掀起了高潮，反映在公司人力资源部的统计表格上，竟然有占员工总数25%的人跳槽了。

这是一件天大的事。老板急了，停下所有工作，组织公司的精兵强将，调查员工们跳槽的原因。

问卷表上有以下项目：

是因为工资吗？

是因为福利待遇不完善吗？

是因为工作压力大吗？

是因为管理过于严格吗？

等等。

问卷表收回汇总后提交董事会，董事们一看问卷表，傻眼了。

问卷表上所列的提问项目，几乎全是一片空白，也就是说，25%的员工跳槽，原因根本不在于工资、待遇等问题。他们几乎是一致地在提问项之外的空白处写出了跳槽的原因："因为公司不为自己安排学习、培训的机会。"

对于员工来说，他们希望能够不断提高自己的业务能力和素质，使自身有一个很好的发展。所以，就员工的自身发展来说，管理者万不可忽视对员工的培训。

不可否认，有时培养的员工结果成了对手的人才。当然人才的流动会引起痛苦，甚至带来危害，但不能因此便拒绝培养人才，这会造成为了正确的理由做出错误事情的危险。就像农夫遇到天灾便不愿再耕作，船员遇到风浪便不再航海一样。当然培养人才必须同时考虑到此人的忠诚度、人格特质、可信赖程度以及团队留才策略，方能达到综合效果。

随着时代的进步与企业的发展，越来越多的管理者更重视通过内部培训开发获得高质量的人力资源。这是因为，内部人力资源的培训开发不仅能够更经济、更可靠地获得人才，提高团队人力资源的质量，而且能够有效地激励员工，培养员工对团队产生持久的归属感和忠诚。不管是对员工个人还是对团队来说，管理者都要充分认识到培训的重要性，认真履行自己的岗位职责，让培训既能有利于员工自身的发展，又能给企业带来效益。

培训有重点，不同的人不同对待

团队在培训员工时，应该针对不同的人才采用不同的培养方案，如果采用“一锅熬”的形式，随便找个地方拉个讲师让团队所有的人去听，往往没有多大效果。

每个团队里都有新职员、骨干职员、干部候补者等各种培训对象。所有队员都有必要进修，因为他们都需要进一步提高自己的能力，不管是事务系统，还是技术系统。为了加强竞争力，提高所有职员的素质是必不可少的。

大通曼哈顿银行重视持续培训的主要表现形式是对教育费用的重金投入。他们平均每年对教育经费的支付就达 5000 万美元。

银行设置专门培训机构和专职人员，大通曼哈顿银行的职员培训部门是由 83 个有经验的培训管理人员组成。他们的主要任务，一是为领导提供员工教育的最新信息，他们尤为重视对学员心理素质的培训，每个学员都要在培训部门所设的各种各样的困境中，战胜并超越自我，最后才能在银行真正占有一席之地；二是负责组织银行领导与员工之间的信息交流，这样直接沟通了领导与员工之间的思想，并缩短了他们之间的距离，对日后工作的发展起了很重要的作用；三是根据银行领导或董事会的要求，组织员工撰写个人年度培训计划；四是组织落实各种培训工作。专门培训机构完成了银行的各种培训计划。

认真执行年度培训计划是大通曼哈顿银行每年必做的一项工作，银行要求全体员工每年要搞一个自我培训计划，并做到切实可行。大通曼哈顿银行的培训计划，是在员工提出的新一年培训计划基础上，由总行制定，再由员工选择，如微机、写作、银行新业务等；然后，交员工所在部门审核并报上级部门；最后，由培训主管部门汇总、实施。

大通曼哈顿银行把培训与晋级、提升、奖励紧密结合。使用这种办法极大地调动了员工主动参加培训的积极性。大通曼哈顿银行搞了一个员工鉴定表，每人每年都要填写一次。其中是否参加培训是重要一栏，培训的好坏关系到将来有没有加薪晋职的机会，在这方面大通曼哈顿银行的员工深有体会。

大通曼哈顿银行还把培训与奖惩政策结合起来。在银行规定表上有这么一条“凡无正当理由且多次拒绝参加培训者，银行予以解雇”，以此来推动全体员工参加培训的积极性。

持久培训工作需要领导身体力行，在大通曼哈顿银行，这对每位领导来说已经是极为普通的事情。大通曼哈顿银行员工培训的成效与其领导带头参加培训是分不开的。大通曼哈顿银行为了使高级主管了解新的信息，经常对他们进行快速培训；有时还要送到有关大学专门培训。银行每年也要抽出一部分时间培训银行领导等各级管理人员，银行教育工作主管曾把培训工作的主攻方向放在银行领导上。

团队培养人才是一个重大课题，但又没有简单划一模式，因为培养人才要因人、因职而异。每一个团队的内部由于各类岗位的工作性质和工作要求不同，各团队有自身的独特性，因而对这些不同岗位类别的人员的培训，应安排不同的培训项目。

1．经理人

现在的老板常常请一些会经营、懂管理的人替自己打理公司。经理人的职责是全面负责整个公司的经营管理。因此经理人的知识、能力和态度关系到公司的经营成败。因而对经理人的各方面要求较高。从这个意义上说，经理人更应该参加培训。

2．中基层管理人员

中层和基层管理人员处于一个比较特殊的地位：他们一方面代表公司的利益，另一方面又要代表下属职员的利益，正好处于交接点，很容易发生矛盾。同时，公司中基层管理人员应有熟练的技术技能和一定的管理技能，如果没有必要的工作技能，就难以开展工作。

上任前大多数中基层管理人员都是从事业务性、事务性工作，缺乏相应管理经验。所以，当他们进入管理层之后，就应该通过培训，尽快使其掌握必要的管理技能、明确自己的新职责、改变自己过时的工作观念、熟悉新的工作环境、掌握新的工作方法。

3．专业人员

很多公司都有会计师、工程师、经济师、律师等各类专业人员，这些专业人员都有自己的活动范围，掌握着本专业的知识和技能。

但各类专业人员大多局限于自己的专业，而与其他专业人员之间缺乏沟通和协调。因此，培训的一个目的就是让他们了解他人的工作，促进各类专业人员的沟通和协调，使他们工作时能从公司整体利益出发共同合作。

专业人员参加培训的另一个重要目的，就是为了适应社会经济技术的发展不断更新专业知识，及时了解各自领域里的最新知识。

4．普通职员

团队的主体是职员，职员们直接执行各种生产任务，完成各项具体性工作。

培训普通职员要依据工作规范和工作说明书的要求，明确各自权责界限，掌握必要的工作技能，以便能够按时有效地完成本职工作。

注重员工的“精神培训”

凡是在精神方面缺乏进取的人，都会成为平庸者。管理者应当注重员工的精神培训，给他们注入更高目标的渴望力。

精神培训被松下幸之助称之为提高下属的精神档次。他认为，人在思想意志方面，有易动摇的弱点，因此，要使松下人为公司使命和目标奋斗的热情干劲持续下去，必须有戒条以时时提醒和告诫自己，这便产生了有名的松下精神七条，即产业报国精神、光明正大精神、和亲一致精神、奋斗向上精神、礼貌谦让精神、适应形势精神和感恩报德精神。

自 1937 年确定这七条以来，松下幸之助便相应地确定了一套对员工进行松下精神教育培训的有效方式。松下幸之助的这种培训方式是：

1．惯例性活动

一是反复诵读和领会，每天上午 8 时，松下公司遍布各地的 8 万多员工同时诵读松下精神，一起唱起松下公司歌。其意要牢记公司目标和使命，用松下精神鞭策自己。二是开展 10 分钟演讲，每隔一个月每人都要在其所属团体中通过自己的演讲说明松下公司的精神同社会的关系。三是隆重举行新产品的出厂仪式。员工分乘大卡车，满载出厂新产品分赴各地有交易关系的商店。四是进行“入社”教育。将新员工轮换分派到许多不同性质的岗位上工作。有些专业人员，都要由基层做起，每个人至少要用 3 ~ 6 个月时间在装配线或零售店工作。

2．管理人员的教育指导

松下哲学认为，在现代商战和开展企业营销问题上，归根到底是人的问题。人是最为宝贵和重要的资源。人的优秀品行同商战取胜、企业经营的成功密切相关。要从平凡人身上挖掘不平凡的品质。松下用这种哲学影响教育员工。要求每个员工都要有新目标，每天都要有新成就。只要将奋发向上的精神化为具体的要求反复诉说，就一定会收到好效果。

松下还在进行教育指导上注意培养骨干力量，公司每月举行一次干部学习会，相互交流，相互激励，勤勉律己，放手让下属干工作，做决定，决不去干预下属的工作。

松下还要求各级管理人员必须学会培养自己与员工之间的信任感，相互沟通思想感情。为员工树立榜样，用其特有的经验和精神影响员工。

3. 系统教育与自我教育

松下最早提出“经营即教育”，并认为“培养人和开发人的潜在能力问题，是企业经营的第一要义”。为达此目的，松下将松下精神、业务知识、工作技能一起作为人才培养的基本内容，并于1934年创办了职工训练学校，1972年又开设了特别培训中心，以后又创办了一所现代化高等学校，用于对国内外工作人员进行轮训教育。同时，松下特别倡导自我教育。教育员工根据松下精神自我解剖，确定目标，经常提出并回答如下问题：我有什么缺点？我在学习什么？我真正想做什么等等。从而让员工在剖析后设置自己的目标，拟定自我发展计划，在强烈愿望驱使下自我激励，思考如何创新。

4. 奖励和重用

松下幸之助历来重视用奖励、提拔、重用等手段培养松下精神。他喜好带访客参观工厂，会随便指着一位员工说：“这是我最好的主管之一。”他认为这样做会形成一种好的气氛和工作创新环境。他还重视奖励提出意见和建议者，并对每一个建议进行评分，给予金钱报酬和团体奖励。对于下属的意见、建议，即使一时难判正确与否，他都会说："很好，让我们试试吧！"用以鼓励员工的进取精神和关心企业的行为。而对犯错人的批评、责难、处罚，也被认为是一种"训练"，是为将来做准备，同样成为培养人才、发扬松下精神的措施。

松下的人才教育培养方式对松下公司发展产生了巨大的推动作用，成为使设备、技术、结构和制度运转的活的因素，一种团队内在的力量，产生了巨大的凝聚力、导向力、感染力和影响力，对于松下在商战中长期处于不败之地起到了支柱作用。我们的管理者不妨借鉴一二。

把员工的培训当成习惯

网络时代，社会千变万化，如果一个团队不能适应不断变化的商业环境，就会被已经实现转变的竞争对手击败，被购并或破产倒闭也近在眼前。

对于员工来说，如果员工不能使自己适应不断变化的团队环境，他们对团队的价值就会日益减弱。当他们的价值低于公司所支付的薪水、福利、保险等的总和时，这个员工对于团队来说就是成本高昂而价值有限的资源，对团队就没有价值了。

如果管理者知识已经提高，团队的目标也已经提高，而员工的素质却没有跟上，员工不能理解管理者的新想法，更不能把它变成现实。团队的目标自然无法实现。

要适应不断的变化，就需要对员工进行经常性培训，让员工不断学习，让培训成为习惯。

西门子公司就把对员工的培训当成习惯。西门子公司认为：员工技术熟练与否、技术专家的多少，是增加生产、保证产品质量、保持竞争能力、赚取最大利润的关键。所以，从西门子公司创始人维尔纳·冯·西门子开始，西门子公司历任领导都非常注重对员工的培训、培养，提高他们的文化、业务水平。

维尔纳·冯·西门子虽然受过一定的正规教育，但他从未放弃过学习，并以此为广大员工做出了榜样。他认为，每个人身上都有一个巨大的资源库，然而还没有充分地发挥出来。为此，他自己编了一门自我激励的课程，称为“做个伟大的人”。

“做个伟大的人”这门课程包括20卷卡式录音带和一本课本，课本的内容跟录音带一样。课程的前言对决心变成伟大的人的职工提出忠告：“你好！你已决定改变你的一生了。你已经处在变成一个新人的过程中了。”“一次又一次地播放这些录音带吧。重复的力量是无限的。举例说，一再地对一个人说‘好像有点道理’，到第四次，你会说：‘我也要试试看第五次，——好棒，我今天试过了！’”

翻翻课文，听听录音，你会觉得不但内容新颖，而且亲切，有时还有点天真。书里引用了不少名人的话，甚至还有拿破仑的那句名言：“统治世界的想象力。”全书大部分是在鼓励推销员培养出一种积极的人生观。“记住每一个人的名字！马上就动手去做！不要拖延到明天！如果你有自己系鞋带的能力，你就有上天摘星星的机会！”

等你全部修完这门课，你还得继续听40卷录音带，4个探险故事，参加10多次研讨会。

为了使公司的广大员工真正受到培养，并且切切实实地提高业务水平，西门子公司拨款建立了“学徒基金”，专门用于培训工人，以便尽快使他们掌握新技术和新工艺。几十年来，公司先后培训出数十万的熟练工人。近年来，还直接从厂内选拔数千名熟练工人送到科技大学和有关工程学院学习深造。此外，还有8万余名青年工人在5000多个技术学校、训练班、教育班学习。现在，在德国同行业中，该公司的技术力量最为雄厚，车间主任以上领导人员都有工程师头衔，经理的领导层中技术人员占40%以上，熟练工人占全体职工半数以上。高质量的技术生产出高品质的产品，这是西门子公司经营的法宝和打进世界市场的锐利武器。

无数公司得到的经验或教训说明，短期培训可以在短期内提升业绩。但是，如果没有持续的培训对其加强，工作人员很快就会回到原来的习惯，销售利润就会回落下来。所以，对于管理者来说，在新形势下如果不能很好地制定和执行企业的培训计划，不能在培训中自我提高，不能通过培训提升团队的竞争力，那么这个管理者将会被淘汰。

让员工在学习型团队中成长

学习型团队是指通过培养弥漫于整个团队的学习气氛，充分发挥员工的创造性思维能力而建立起来的一种有机的、高度柔性的、扁平的、符合人性的、能持续发展的团队。这种团队具有持续学习的能力，具有高于个人绩效总和的综合绩效。

它以共同愿景为基础，以团队学习为特征，是一个对顾客负责的扁平化的横向网络系统；它强调学习加激励，不但使人勤奋工作，而且尤为注意使人更聪明的工作。它以增强企业的学习为核心，提高群体智商，使员工活出生命的意义，自我超越，不断创新，以图达到企业财富速增，服务超值的目标。

在当今的公司管理中，建立学习型团队是最流行的概念之一。但是，学习型团队不是一天建成的。团队之所以成功，都是因为持续培养，长期投入，不断稳定地发展相关管理流程。不过，有些改变是可以很快达成的。

任何想要成为学习型团队的公司在开始时，可采取下列办法：

首先在公司中培养鼓励学习的气氛。如果员工总是被打扰或被催促，他们就很难学习；在压力很大的情况下，也往往无法学习。

其次，打破有形无形的界限，促进思想的交流。界限会阻碍信息流通，孤立个人和团体。

团体中学习必须精于运用深度会谈和讨论。这是两种不同的团体交流方式。深度会谈是自由和有创造性地探究复杂而重要的议题，先暂时收起个人的主观思维，彼此用心聆听。讨论则是提出不同的看法，并加以辩护。深度会谈与讨论基本上是互补的，但是多数团体缺乏区分及妥善运用这两项交谈技巧的能力。

团体学习也包括学习如何避开与上述两种有建设性的交谈相反的巨大力量，如习惯性防卫，这些使我们及他人免受威胁与窘困的习惯性互动方式，它将阻碍我们的学习。比如，在面对意见冲突时，团体成员往往不是折中妥协，而是争得你死我活。当解开习惯性防卫的症结时，便可发掘出原先不曾注意的学习潜力。

最后，管理者应为团队建立一个鼓励和开放的环境，以避免一些影响学习的因素出现。官僚主义作风必须加以剔除，作为管理者应该以身作则，成为持续学习的样板。

学习型团队的成长具有一定的生物生长特征，团队的学习必须自己完成，所有外界都只是提供参考，咨询公司、专家教授都只是建议的提供者，深刻的变化一定是在团队内部产生的，一定是在员工的内心成长起来的。这就是学习型团队的核心。竞争对手可以获得资本、劳动力、原材料、技术、知识、专利、人才……但没有人能够购买、复制和清除一个团队的学习能力。这是一个企业最重要的能力。因此，建立学习型团队，对企业有着重要的意义。

对员工来说，只有每一个员工积极学习，他们所在的团队才能成为学习型团队；同时，在学习型团队中的每一个员工也会更快成长。这是一种无形的培训。

第四章

合理用人，充分发挥人力作用

人力资源是企业生存与发展的重要组成部分，如何合理地安排配置人力资源，是一个企业或团体的决策者们不得不考虑的问题，如果不把握住人力资源的矢量，不有效合理地配置好人力资源，那么你的团队就很有可能得到失败的打击。

人力合理配置，人尽其才天地宽

为什么说人力资源合理配置是团队成功的保障呢？你可以想想，团队如果存在人力资源不合理的配置，关键是在他们这些人的脑海中，存在着哪一个岗位都重要，哪一个人力资源都可以为自己创造效益的旧的思想观点。他们不会运用人力资源的合理配置和有效安排，因此，这些团队总是达不到高效能的发展。

怎样才能有效地发挥人力资源的优势呢？也就是让人力资源如何为自己更高效地工作呢？那就是打破旧观念之后合理配置人力资源，对人员做出有效安排。比如，你是一个团队的决策者，你的团队有 30 个人 5 个项目正在生产中，你在人力资源的配置上是平均分配。如果现在换一种方法，找出你的关键项目，也就是能使你赢得高额利润的项目，你把人力资源多配置在关键的项目上，而那些效益低的项目减少人员配置，这样不就可以使你的人力资源都能够高效地为你工作了吗？

因此，人力资源的合理配置是一个团队成功的保障，也是一个人管理好一个团队的体现。

在大阪市一家规模庞大的企业里，所有的员工都在车间里全神贯注地工作着，只是每一个人头上分别系着方角布巾，颜色各有不同，有大红、粉红、米黄。何故？主管对来参观学习的客人讲了这样一个故事：

成立于1990年的大阪市“日角”羽绒服厂，是一家合资企业。在创建伊始，因为缺乏管理经验，在诸多方面存在着弊端，就拿人力资源的分配来说，就出现过很多问题。刚开始，企业从当地以及外来打工人员中雇用了一批有些基础的员工，经过短期培训后，分别安排在不同岗位，并从这些人中挑选了一些看上去头脑灵活，且能言善辞的人充当中层管理人员。可是不到半年时间，工厂被搞得一塌糊涂，不是人员安排不合理，就是工作不出效率。一时间，工厂出现了严重亏损。

当时我想，是什么原因造成这种局面的呢？后来我才发现企业之所以出现这种被动局面，是我们的人力资源安排不合理而造成的。

一是管理层的工作人员缺乏管理经验；二是一些有技术专长的人没有让她们尽情发挥；三是在重点环节上没有设置关键性的人物。

要想企业更具有活力，必须从内部抓起，把人力资源合理搭配，尽量发挥这些人的优势。首先从抓中层管理人员入手，原来这些人文化水平很低，缺乏经营管理经验。于是工厂从社会上聘请了一些有相关经验的人才，从事企业的中层管理工作。把这些以前的中层管理人员调到一线，更能发挥他们的优势。

其次是把一些有技术特长的人，比如说她的裁剪技术不错，就把她调到裁剪车间；她的缝纫技术很好，就把她调到缝制组。让这些人干自己喜欢的事，工作也就不会出现问题，并且还积极努力。

三是在重要环节安排关键性的人员。就像质检部，一批货出厂，关键是质量把关，如果把不好这一关，你的产品就会出现退货。或者解除合作关系，甚至会出现赔偿违约金。因此，我们把一些事业心强，认真负责的人员，安排到质检部工作。

经过一个月的试运行，果然效果不错，工厂不仅扭亏为盈，而且实现利润 50 多万美元。

为了便于管理，工厂还实施了“以方角布巾”为标志的管理方法，大红色是质检员，粉红色是班组长，米黄色是一般工人，头巾颜色在这里标志着岗位与职务，管理者一目了然，被管理者井井有条。

奇怪的是，米黄色头巾又有少数不同，同是米黄底色，有的却在额前缝一条红道，这又是何故？主管解释说：“这是新工人的标志，它暗示：我是一个新手，请多帮助指导。大家看到这种头巾，就会特别留心关注了。”

虽然是一个比较落后的管理模式，但是不难看出这位主管确实是一位高明人士，他能改变企业的命运，关键是在人力资源上的合理配置，能够达到扭亏为盈，而且还有了利润。所以，作为一个企业，人力资源的合理配置是决定你成功与失败的重要因素。

合理配置人力资源，能够使你达到事半功倍的效果，否则你就会与失败为伍。

为什么说合理配置人力资源是成功的保障？你可以设想一下，比如说一家有5个孩子，2个孩子到了上学的年龄，3个孩子离上学还有一定的时间，家里只有500元钱，5个孩子又同时需要钱，你是否会先把孩子的学费交上，然后把剩下的钱再为3个孩子买些别的东西？还是5个孩子每人100元平均分配呢？

你再想想，如果先把2个孩子的学费交上，让孩子早一些接受教育，早日成材，孩子以后用知识赚来的钱也可以对你的家庭有所帮助，同时你也会感到很光荣。

如果你把钱平均分配，这样，2个该上学的孩子无法交学费，耽误了有效的学习机会，而3个孩子的每人100元钱只是花在了吃喝玩乐上，这样的分配我看有100%的人认为是不对的。

这虽然只是个假设，但是从这个假设中不难看出，平均分配是不对的。家庭也好，团队也罢，只有你把资源合理地配置好，才能使你的人力资源更好地发挥效益，从而使你走上成功之路。

所以，合理配置人力资源是你成功的重中之重。“日角”羽绒服生产厂以前出现管理混乱，企业亏损，其主要原因就是没有配置好人力资源。后来，主管经过反思才发现其中原因，之后进行了企业内部人力资源的大调整，企业才得以恢复生机。这就不难看出，人力资源的合理配置的重要性。

之所以要合理地配置企业中的人力资源，是因为人力资源就是生产力，如不提高你的生产力，你的团队怎么生存，生产力不能合理配置，你怎么可以从生产力中得到更高的效率，因此，要想成功就必须合理配置你的人力资源。

为 20% 的精英创造广阔空间

你是否意识到，在你的团队中 80% 的利润来自 20% 的员工呢？而 80% 的人只能创造 20% 的利润。只有你明白这个道理，你才会不惜余力地把 20% 的人做为你团队中的精华部分来对待，而且还会为他们创造一个更广阔的空间，让他去尽情地施展才华，从而为你创造出有价值的东西。

但是，很多人认为所有的员工一样重要，所有的管理一样能起效，这种说法是完全错误的。科学家能研究发明别人不能够发明的东西，作家也能写出更好的作品，如果让科学家写作，而让作家搞研究发明，这显然不能达到预期效果。

人各有不同，也有各自的特长，如果你想让他们发挥自己的特长，那么你必须为他们创造一个更广阔的施展空间。利用他们的特长，为你创造更多的财富，那你不就是一个成功的管理者了吗？

日本的索尼公司之所以有今天辉煌的成就，关键是能为一些高效的人力资源创造更广阔的施展空间。

盛田昭夫是索尼公司的创始人，在创业初期，就非常重视人才。索尼公司刚刚成立时，虽然条件很差，但人才却不少，全公司 20 名雇员中就有 16 名大学毕业生，所以公司具有很强的开发创新能力。

盛田昭夫不仅重视人才，更重要的是他为这些创新的人才提供一个广阔的施展天地。大贺则尾毕业于东京艺术大学，后留学德国，是当时一位小有名气的男中音歌剧演员。但是，由于西方歌剧在日本并不十分受欢迎，所以大贺则尾的专长难以发挥，甚至还常为吃饭而操心。

一次偶然的机会，盛田昭夫认识了大贺则尾。在交谈中，盛田昭夫敏锐地感觉到，大贺在音乐方面颇有造诣，又懂得经营，对于生产录音机、收音机的索尼公司来说，是一位难得的人才。

于是，盛田昭夫聘用大贺则尾到索尼公司的录音部门工作，为了更有效地发挥大贺则尾的专长，盛田昭夫又提拔大贺则尾担任了录音部兼计划部的总经理。

盛田昭夫果然没有看错人。大贺则尾上任后，工作十分勤奋，在经营上日趋成熟。他经常外出考察业务，发表演说，亲自为产品做广告。在这个过程中，他的专长知识发挥了极大的作用，他的音乐功底使他在选择录音曲目、保持录音带音色纯正方面非常在行，有效地促进了公司录音部业务的发展。9 年以后，索尼公司录音部成为日本最大的录音公司。

1982 年 9 月，盛田昭夫在索尼公司的股东大会上，宣布提升大贺则尾为索尼公司新任总裁。这就把索尼公司的一部分责任和压力放在了大贺则尾的肩上。

大贺则尾出任公司总裁后，感觉到了较大的责任和压力，也觉得有了施展才华的更大舞台。他激动地对记者说：

“我将竭尽全力提高索尼公司的声誉，一定要沿着盛田昭夫重视人才的道路走下去，让一些具有一定水平，并且有专业特长的人尽量发挥他们的潜能，为他们创造一个宽松的环境，施展他们的才华提高公司的效益。作为本公司的总裁，我有能力做到。”

这是他的“就职宣言”，也是他向对自己有“知遇之恩”的盛田昭夫最好的报答。大贺则尾出任总裁后，凭着自己非凡的才干，带领全公司的员工，为索尼公司的发展立下了汗马功劳。

目前，这家创立时只有 20 人的小公司，已发展到拥有 40 多万员工的超级跨国企业。公司生产的电子产品多达 1 万多种型号，年销售额超过 50 亿美元，而且该公司的开发创新能力也远远超过国际上的同类企业，成为日本乃至全世界电子技术开发的先驱。

一个成功的管理者最好的方法就是时时发现人才，重用人才，并为 20% 的人力资源创造更广阔的施展空间，让他们更好地发挥自己的专业特长，为企业服务。

盛田昭夫任用大贺则尾的故事，看来没有什么特别之处，但盛田昭夫合理地利用人力资源，并能为公司创造更多利益，因此使索尼公司的发展有了一个很大的提高。这就是利用帕累托法则而成为一名高效能人士的有效方法之一。

假如：盛田昭夫不重用大贺则尾，而是选择了一个普普通通的人。

假如：大贺则尾是一个普通员工，并没有专业特长，盛田昭夫是否会重用他？

假如：盛田昭夫对公司的员工一样地重视，那么索尼公司是否会有超人的业绩？

之所以我要问这些，原因就是世界上仍有 80% 的人这样认为，只有 20% 的人认为这是一个错误的概念。因此，20% 的人掌握了 80% 的财富，而 80% 的人只拥有了 20% 的财富。这就是帕累托法则的真理所在。

你也许不相信这些，但你可以做个试验，做一下比较，你就会发觉这确实是现实生活存在的问题。

团队也是如此，能够为团队创造利润的只要 20%，而那些 80% 的员工是在做着普通的工作。作为一个团队的决策者，如果你不专为那 20% 的人力资源创造更广阔的施展空间，那么你的团队将永远停滞在那 80% 的行业中。

人力资源是企业的生产力，生产力不能提高，你的企业就无法生存，而这种提高却是针对少数有才能、有知识、有专业特长的人力资源，要让这少数人力资源充分发挥他们的优势，你必须为他们创造一个广阔的施展空间，让他们尽情发挥，做他们喜欢做的，并能够做到的，这样，他们才能做得更好，更优秀。假如你能做到这一点，你就是一个成功的管理者了。要想你的团队里的人力资源为你创造出更多的效益，你必须合理地安排你的人力资源，为他们创造一个更广阔的施展空间，这样才能更有效地发挥他们的水平。

让最优秀的人干他适合的工作

所谓最优秀的人，就是在你的团队里取得一定成绩的人，这些人能使你的团队产生高效益，因此，让最优秀的人从事最优秀的事业是多年来一些资深管理者总结出的成功经验。

人类胚胎是通过细胞分裂发育的：一个细胞分裂为 2 个，然后是 4 个、8 个——有些细胞发育成心脏，另一些发育成指甲、骨骼或其他组织。分裂和分化是成长的关键，对一个团队来说也是如此。把那些优秀的人员分裂出去，让他们从事适合的工作，就可以干出一番优秀的事业。

理查德·布兰松爵士是一个优秀的管理人才。他的管理经验非常丰富，在许多人没有意识到企业的人力资源里有 20% 最优秀的人员的时候，他已有了先见之明。

在很早以前，理查德·布兰松开办了一家原版音像公司，可是公司得不到长足发展，总是停滞不前。当出现这种迹象时，理查德·布兰松爵士就把他认为最优秀的人员分裂出去，让副总经理、销售副经理和营销副经理组成了新公司的领导班子。甚至把新公司放在新的办公楼里，并授予他们特殊的权力，完全是一种自主经营的方式。

突然间，他们都觉得不再是副经理，他们成了统管一切的主要领导，而且也感到身上的担子比过去重了。况且新公司也是总公司最关键的子公司，是公司的主要动脉。因此，这些优秀的管理人员有了尽情发挥的余地，不再有任何计划报告、文件都得上级批准后再实施的感觉，他们完全有能力支配这些计划的实施。

这样一来，公司的各项工作，就有了一个很大的提高，在这些优秀人员的管理和操纵下，原版音像公司发展成为全世界最大的独立录制公司。

理查德·布兰松的原版音像公司之所以能够发展成为全世界最大的独立录制公司，靠得就是把优秀人员分裂出去，让他们从事优秀的事业，这样才能够达到让这些优秀人员，为自己创造优秀业绩的目的，同时也给了他们一个很好的施展才华的空间。因此，他们都能以积极的态度，发挥自己的特长，为公司全力以赴地工作。

优秀人员不仅局限于优秀的管理人员中，在你的人力资源中，也会有一些优秀技术人员，当你发现这些优秀人员后，可以鼓励支持这些优秀人员去从事你的团队里最优秀的产品，让他们的优秀工作成绩，优良的工作作风尽量发挥。这样，你的团队就可以赢得更多的利润了！

德国一家工厂的电机突然坏了，顿时停电了，一大帮技术人员围着电机团团转，就是找不出毛病，他们使尽了浑身解数仍未能解决问题。工厂只好打算另请高明。

就在这时，一个个子矮小，满脸胡子，穿着沾满油渍工作服的员工走了过来，他对厂长说，我可不可以试试？许多人都瞧不起他。厂长也带着一种怀疑的口吻问道："你几天能修好？"这位矮个子员工想了想，说："三天之内吧。"问他用什么工具，他说只用一把小铁锤、一支粉笔就行了。白天，他围着电机转悠，这看看，那敲敲，晚上，他就睡在电机房。到了第三天，人们见他还不拆电机，不禁怀疑起来，他的同事让他别打肿脸充胖子。一位跟他最要好的朋友对他说："修不了就赶快撤手吧！"可是他笑着说："别急，今晚就可见分晓。"

当天晚上，他让人们搬来梯子，他爬到电机顶上，用粉笔在一处地方画了一个圈，说："此处烧坏线圈 18 圈。"技术人员半信半疑地拆开一看，果然如此，电机很快就修好了，并恢复了正常运行。

厂长觉得这是一个难得的人才，如果把他调到技术部一定会发挥他的才能。于是决定给予他 1 万马克的奖金，并从原岗位升任技术部顾问。

在任技术部顾问期间，他做出了许多发明。其中发电机组的转动，以前是皮带转动，不仅耗费资源，每隔十几分钟就得打一回皮带油，机器的各部位得不到有效发挥，他发明了三角带传送，使能源的浪费减少到最低程度。几年后，这家工厂在这些人的努力下成为了世界知名的大企业。

这家工厂还有很多人被破格录用，他们都是企业中的精华，也是能为企业减少开支，增加效益的关键性人物。

让优秀的人力资源从事最优秀的事业，使他们能够有一个发挥其特长的环境，这样就可以为企业创造更多的财富。

这些优秀的人员在团队中并不是很多，但他们能够创造比别人更多、更高的价值，因此，把少部分的优秀人员，投入到你的优秀产业中，将会使你的团队产生更高的效益。这样不更有利于你的团队发展吗？每一个团队都需要优秀人才，可是你不去发现这些人才，利用这些人才的优势，而把他们安置在根本无法施展才华的岗位上，那么他们能为你创造出高效益吗？因此，最不能忽视的就是把优秀的人才安置到优异的岗位上。这样，你的团队就会发展更快，效益更佳。

为团队做好人才储备

团队的生产力就是人力资源。但如何管理和利用这些人力资源是作为一个管理者不得不考虑的问题。由于近年来的市场竞争非常激烈，一些管理者绞尽脑汁，想方设法想在市场上占有一席之地。他们实行“一个萝卜一个坑”的人力资源管理办法，用裁减人员的方法，来压低生产成本，去实现占有市场的目的，这当然是件好事，有些人也确实收到了一定的效果。

但是，如果从长远考虑，保留这些人力资源也有好处，作为一个团队管理者，你不能只顾眼前的利益而放弃了长远目标，一时的成功并不代表一生的喜悦，笑到最后才是每一个人殷切希望的。

菲律宾一家生产电视机的公司，原有职工 180 人，可随着市场竞争日趋激烈，这家公司的老板不得不采用降低生产成本的方法，来与对手周旋。他想，如果把一些便宜的元件购进来，当然能降低生产成本，可是，这些便宜的元件会影响产品的质量。产品质量不稳定，如何能吸引消费者呢？干脆从人员上做文章吧。

于是，他开始了大量的人员裁减，本来组装车间原有 80 人，经过裁减只剩40人，原来有2名车间主管3名组长，这次只有车间主管一个人全部负责，从团队管理者到员工都减少了，最后只剩下120人。

通过减员之后，各部门的工作并没有因此而耽误，仍然照常运行，生产效率也不比以前差，老板乐得逢人便夸自己的改革措施好。

可是后来的局势突然转变，这位老板的笑容也没了，整天耷拉着脸一句话都不说，为什么呢？

原来由于电视机在市场上已趋于饱和，许多国内外生产电视的厂家不得不易车易辙。这家公司也不甘落后，把原来生产电视机的各种设备，改装成了生产当时热门的"大哥大"的生产线，可是原来的人马并不适应这些。在万般无奈的情况下，老板不得花费每人年薪高达16万比索的非常价格，从日本引进了5名专业人才。

这家公司的老板为什么没有了笑容，原因是缺乏人力资源的储备，深刻地说就是没有预测到市场的变化，即没有一个长远的目标，致使他在关键时刻不得不高薪聘用日本人。这也充分说明人力资源的储备很重要。

把那些在你看来并不重要的人排挤在团队外，确实能对你有一定的好处，但是，储备一些人力资源也不一定对你有害。

假如菲律宾的这家公司的老板把当时的人员储备下来，并从部分人中挑选出一些精兵强将从事新的行业，不就可以减少更多的浪费了吗？在你储备的人力资源中，并不是没有能人，而是没有用武之地。在他们中间往往会出现一些比你能力更强的人。但一个人的爱好不同，专业特长不同，往往就造成了人才的埋没，如果你善于发现他们的特长，并加以利用，那么就可以节省一笔可观的费用。

奥迪公司是德国大众汽车公司的一个子公司，拥有员工 3.5 万人，年产 40 万辆轿车。奥迪公司在企业管理中坚持的就是储备人力资源的原则。

一般公司在人员超编的情况下，都要进行减员，只有减员才能降低生产成本。而奥迪公司并不是如此，他们把编外人员都集中到一起，并配有一名工程师为他们讲解未来市场发展及有关车辆改进，使他们熟悉未来汽车性能及市场方向。

当世界上还未出现环保节能汽车时，奥迪公司已经推出了第一辆无污染、节约能源的新的奥迪品牌。这种汽车的出现，很快受到全世界人的青睐，当他们第一批车辆出厂时，美国的一家汽车销售公司买下了他们生产的全部环保节能型汽车。

这种汽车的制造，正是出自于那些编外人员之手，他们通过学习，掌握了汽车市场的销售动态，了解到了未来汽车必须沿着环保节能型的道路发展。同时这些人员中也有对环境保护的研究的人才，其中瓦尔顿就是从美国加州大学毕业的环保学专家，他在这方面很有研究，对奥迪新车的制造，他创下了不可抹灭的业绩，后来成为奥迪公司的工程师。奥迪公司正因有这样一批储备的人力资源做后盾，才成为世界上有名的汽车制造公司，他们生产的环保节能型汽车才因此畅销不衰，遍布世界各地。

从故事中你可以了解到，这些储备的人员中并不是没有为你创造效益的人，而是没有使这些人发挥他们才能的地方，就像土壤与植物，如果没有土壤，那些植物就无法繁殖，假如你为它们创造一个机会，它们就会很快生根发芽。实际上团队的人力资源也是如此，当你没有为这些储备人员提供一个施展才华的场所或者一个机会时，他们就无法施展他们的才能，无法也能做出惊人的业绩。

学会“知人善任，用其所长”

美国著名管理学家彼得·杜拉克认为，有效的管理者面对人才从来不会这样问：“他能跟我合得来吗？”而会问：“他能贡献什么？”也从来不问：“他不能做些什么？”而是问：“他能做些什么？”所以他们在用人时，用的都是在某“一”方面有所长的人，而不是在“各”方面都大致不差的人。

管理学有句名言：放错了位置的人等于垃圾，只有无能的管理，没有无用的人才。但是管理者不能把“人皆有才”理解为每个人都具有同样的才能。人的才能不仅有大小高低之分，而且还具有“方向性”，各有各的擅长。

象棋对弈中使用“棋子”的智慧与企业用人的艺术如出一辙。“将、帅”如同企业里的“一把手”位居核心地置；“车、马、炮”就是企业里的建设人才，各具特色，各有功用；“士”与“象”毫无攻击力，属于防御型的角色，一般在企业里担当政治工作角色。

即便“车、马、炮”再如何神勇，如果“将”不会运用，发挥其潜能，它们也就只能碌碌无为了。因此，领导要善于挑选适合当“车”的人去做“车”，“马”“炮”同样如此……战国时期鲁仲连说，让猿猴离开树木跳到水中，当然不如鱼鳖；要论钻墙跳房，骏马不如狐狸；让勇士抛掉宝剑去拿锄头，必然不如农夫。他又说：“不知人之短，不知人之长，不知人长中之短，不知人短中之长，则不可以用人，不可以教人。”这也说明了人才使用中扬长避短原则的必要性和重要性。

管理者也应该根据实际需要和人才特长，把有限的人才进行合理搭配，用到刀刃上去，做到“智者取其谋，愚者取其力，勇者取其威，怯者取其慎”；要做到展其所长，兼而用之，发挥出人才的群体效益。所以，管理者在用人时，既不能因为人有所短而忽略人之所长，也不能因为“似乎无所短”即认为必有所长。管理者用人应做到：知人善任、用人所长。

“知人”是“善任”的前提条件，用好人才，必须首先做到“知人”。所谓“知人”，不仅应“知”人才的长处和短处；而且要“知”人才的过去和现在，更要“知”人才的将来。例如，有的人雄才大略，既有战略眼光，又有组织才能，可放在决策部门担任领导工作；有的人思想活跃，知识面广，综合能力强，既有真知灼见，又能秉公直言，可担任智囊参谋的工作；有的人铁面无私，耿直公正，执法如山，联系群众，可从事监察工作；有的人社交能力强，适合于采购、推销部门；有的人语言表达能力强，宜放在宣传教育部门。还有就是从人才的发展过程来看，要看哪位具有更大的潜能，能够担任重要的角色。

所谓“善任”，就是选拔人才加以任用时，要善于发挥人才的长处，克服其短处。要善于调动人才周围人员的积极性，要善于从各方面为人才充分发挥作用创造条件，要善于为人才的今后发展打下基础。用人最忌讳的是勉为其难。人有共性，也有个性，人有能力差异、性格差异、行为差异。用人所长，被用的人就可大显身手，领导效能也会事半功倍；用人所短，勉为其难，那就是不明智之举。“用人如器，各取所长”，只要量才使用，人才必能各有所为。管理者，在用人时要讲求人才群体结构的合理性、互补性、相容性，讲求用人的效益，要因事设人，不因人设事。“人多好办事”是小生产的观念，它是与现代人才观相悖的。它必将导致机构臃肿，人浮于事，内耗丛生，工作效率低。

美国的罗斯福就是一个非常善于用人的总统，他于1933年上台以后，雷厉风行推行大规模改良政策的“新政”，缓解了美国的经济危机，使美国经济走出了困境。

在实施新政过程中，他针对当时美国严峻的局势，并不以政见取人，只要有助于恢复经济，无论是持有新思想、新主张的还是具有正统思想的，他都一概将他们吸收到内阁里，从而大大增强了政府的综合决策能力。

罗斯福对内阁成员的任命虽然不拘一格，可他任命的内阁成员每个人在工作中都发挥了不可估量的作用。最有影响的是预算局长道格拉斯，他协助罗斯福实行节约，干得相当出色，以致罗斯福在就职一个月后就称他为“政府发现的用途很广的最大宝物”。因为道格拉斯把钱袋的绳子抓得很紧，很快他就得到一个美名，叫做“决一死战的预算平衡家”。特格韦尔在当时是农业助理部长，可是他提的问题却不局限于农业。罗斯福还任命珀金斯小姐为劳工部长，妇女入阁在美国历史上是破天荒的事。珀金斯小姐又向罗斯福举荐了出身寒微但有才干的霍普金斯。霍普金斯马上受到了重用，并在未来的岁月中成为罗斯福最忠实、得力的助手。进步共和党人华莱士被任命为农业部长，后来还担任过罗斯福的副总统。

值得注意的是，罗斯福的用人智慧完全是建立在“知人”的基础上的。

可是现代许多团队在人才使用上却存在着误区：有的管理者

为了显示自己对人才的重视，一开始就授予这些人以很大的权力，并给予很高的福利待遇。尽管这些做法在留住人才上会起到很大作用，但是，其消极作用也是很明显的：一是很多人不是为了真正做事，而是看中在招聘时开出的位置或者待遇，缺乏对团队的认同感；二是享受这些好处的人会产生莫名的优越感，从而会形成一种不正常的心态，不利于形成踏实的工作作风；三是下属不一定买这些人的账，从而不利于人才权威的树立和企业共同理念的形成；四是由于缺乏经验或者对团队实际的了解，这些新进的人才难免会出现工作上的失误，通常这些工作失误对他们来说是毁灭性的，因为会使得管理者对他们的期望值下降。

管理者若想发挥人才真正的潜能，就必须向罗斯福学习，只有充分做好人才的知人善任、用其所长的工作，才能发挥人才的潜能，为团队的发展贡献力量。

管理中要不拘一格用人才

高明的管理者尤其要善于使用冒尖的人才或天才。有人说，“人才源于胆量”，是有一定道理的。假如大胆地相信下属，可能就会成就大才；反之，就会泯灭一个人才的出现。

世俗认为“出头椽子先烂”，“枪打出头鸟”，“人怕出名猪怕壮”，所以，一般冒尖人才的下场都很不好，但是要成就大业就必须大胆使用人才。用人的成功，在很大程度上取决于管理者是否树立了鼓励冒尖的良好风气。脱颖而出的冒尖人才，究竟能得到一个怎样的结局，是造成一个人人争当先进的良性竞争局面的关键。

人生，不可能永远顺风顺水，有时候，成绩也不全是实力的反映。能否选准人才，就要看你的修养和心态如何。如果你选择了不拘一格用人才，那么，更大的荣耀就在你前进的不远处。

事实上，拘于一格，不敢大胆用人、灵活用人的管理者比比皆是。他们的做法，往往使得人才无法冒尖、无法尽其所能，间接地使企业失去生机，失去竞争力。造成这种后果的领导，实乃罪者！

要想避免失败，避免成为企业衰退的罪人，管理者必须放弃保守的观念，大胆用人、灵活用人、不拘一格地用人。

所谓用人以胆，就是大胆地选用人才，不拘一格。人才都是历练而成的，对他们应当放手使用，使之冲上云霄，战风斗雨；做事情完全在于起作用的人才，而起作用的人才全在于能冲破原有的格局；用人的原则，应当从一个人壮年精力旺盛的时候就使用他。如果拘泥于资格，那么，一个人往往要到昏乱糊涂的老年才会得到重用；对立下大功的人不要寻求其细小的毛病，对忠心耿耿的人不要找其细微的过错；提升的快慢，不要仅凭一个依据；如果其才能可以重用，就要不限资历，越级提拔。

及时起用，不可拖延。及时起用成绩突出的冒尖人才，尽快把他们提拔到关键性的工作岗位上，造成既成的事实，使热衷于造谣中伤的小人企图落空，自感没趣，只得偃旗息鼓，草草收兵；大胆使用，不可怯弱。有胆识的管理者就应该意识到，人才最需要得到领导的有力支援，有正义感的领导要及时对人才以最有力的鼓励和支持，选择一个适当的场合，向全体职工宣传人才的作用。

鼓励使用，避免塌陷。对于躲在人群中散布流言蜚语的少数掐尖“骨干”，领导只要一经发现，就应该不留情面，立即对他进行严肃的批评教育，迫使他及时中止对先进人物的掐尖行为。在精神上和物质上给天才以适度的鼓励，不仅有利于鼓舞少数天才的斗志，激励他们更快地成长，并且也在公众面前树立起具有说服力和示范作用的榜样。

因此，所谓“不拘一格”的关键是要团队管理者冲破陈旧观念，融入现代企业“寓杂多于统一”的最高用人原则，力戒排斥异己、唯亲是用，而应该以企业利益为重，因事设人，因才而用。

第五章

巧妙激励，让团队保持激情

管理是一门艺术，而激励则是这门艺术的核心。从某种意义上说，企业管理的最高境界，就在于如何激发全体员工的工作热情，让他们自动自发地共同完成任务。简单地说，领导的奥妙在于如何激励自己的员工为团队奋斗不息。

薪酬激励始终不可或缺

人人都有一些与生俱来的需要，如生存、稳定的收入、被人接受、希望别人尊重自己、渴望成功等。在企业中，金钱是员工的最根本的需求之一。要使企业拥有持久的活力，首要的任务就是满足员工的物质需求。

员工会按照市场情况和一些合适的对象进行比较，他们的收入影响着对工作的满足程度。在管理工作之中，必须让员工感受到自己的价值得到了认可。不管你使用多么美妙的言辞表示感激，不管你提供多么良好的训练，他们最终都期望得到应得的报酬，让自己的价值得到体现。

尽管薪酬不是激励员工的惟一手段，也不是最好的办法，但却是一个非常重要、最易运用的方法。要想使薪酬既具有最佳的激励效果，又有利于员工队伍稳定，就要在薪酬制度上增强激励功能，同时在实际操作中学会使用一些技巧。下面介绍的几种方法，或许能给你一些启发。

1、设计适合员工需要的福利项目

福利项目设计得好，不仅能给员工带来方便，解除后顾之忧，增加对公司的忠诚，而且可以节省在个人所得税上的支出，同时提高了公司的社会声望。

员工个人的福利项目可以按照政府的规定分成两类：一类是强制性福利，企业必须按政府规定的标准执行，比如养老保险、失业保险、医疗保险、工伤保险、住房公积金等；另一类是企业自行设计的福利项目，常见的如人身意外保险、家庭财产保险、旅游、服装、误餐补助或免费工作餐、健康检查、俱乐部会费、提供住房或购房支持计划、提供公车或报销一定的交通费、特殊津贴、带薪假期等。员工有时会把这些福利折算成收入，用以比较企业是否具有物质吸引力。

对企业而言，福利是一笔庞大的开支（在外企中能占到工资总额的30%以上），但对员工而言，其激励性不大，有的员工甚至还不领情。最好的办法是采用菜单式福利，即根据员工的特点和具体需求，列出一些福利项目，并规定一定的福利总值，让员工自由选择，各取所需。这种方式区别于传统的整齐划一的福利计划，具有很强的灵活性，很受员工的欢迎。

2、在薪酬构成上增强激励性因素

从对员工的激励角度讲，可以将广义的薪酬分为两类：一类是保健性因素（或称维护性因素），如工资、固定津贴、社会强制性福利、公司内部统一的福利项目等；另一类是激励性因素，如奖金、物质奖励、股份、培训等。如果保健性因素达不到员工期望，会使员工感到不安全，出现士气下落、人员流失，甚至招聘不到人员等现象。另一方面，尽管高额工资和多种福利项目能够吸引员工加入并留住员工，但这些常常被员工视为应得的待遇，难以起到激励作用。真正能调动员工工作热情的，是激励性因素。

如果一个团队中员工的工作热情不高、比较懒散，可以尝试加大激励力度，采用高弹性的薪酬模式，即加大浮动工资／奖金／佣金的构成比例；相反，如果是一个因品牌弱小导致招聘困难的新兴公司，可以采用高稳定的薪酬模式，增加薪酬中的固定成分，让员工有安全感。

3、在薪酬支付上注意技巧

将现金性薪酬和非现金性薪酬结合起来运用，有时能取得意想不到的效果。前者包括工资、津贴、奖金、“红包”等，后者则包括企业为员工提供的所有保险福利项目、实物、公司举行的旅游、文体娱乐等。有些公司专门为员工的家属提供特别的福利，比如在节日之际邀请家属参加联欢活动、赠送公司特制的礼品、让员工和家属一起旅游、给孩子们提供礼物等等，让员工感到特别有“面子”。主管赠送的两张音乐会票、一盒化妆品，常会让员工激动万分。

适当缩短常规奖励的时间间隔、保持激励的及时性，有助于取得较佳的激励效果。频繁的小规模的奖励会比大规模的奖励更为有效。减少常规定期的奖励，增加不定期的奖励，让员工有更多意外的惊喜，也能增强激励效果。

4、选用具有激励性的计酬方式

计酬方式通常包括按时计酬、按件计酬、按绩效计酬等。最缺乏激励效果的是按时计酬，其激励作用只是体现在每年调薪前后的一段时间，很难持久。但它也有明显的优点：收入稳定，给员工以安全感，便于留人和招聘；实施方便；劳动力成本易于预测；不会因为强调产出数量而忽视质量等。按件计酬对员工的激励作用十分明显，但它仅适用于产出数量容易计量、质量标准明晰的工作，对知识白领的工作很难计件。在大多数企业中，最通常采用的是按时计酬与按绩效计酬相结合。它需要事先设定具体的工作目标（指标），考核期结束时或项目完成后根据实际工作业绩评估结果计算浮动工资或提取佣金。业绩工资由团队业绩和个人业绩两部分所决定。对高级职位，企业利润常作为重要业绩指标而与薪酬挂钩。由于薪酬与可量化的业绩挂钩，更具激励性和公平性。这种方法需要有合理的目标设定方法和良好的绩效考评系统做支持。

对于高科技公司里的研发人员，根据项目管理法则，可以按研发项目中的若干关键阶段设置多个“里程碑”，对按计划完成者实行奖励，而不是按工作时间行赏。另外，将研发人员的部分薪酬与产品的销售状况挂钩、增加加薪机会，使薪酬支付更加灵敏地体现员工的业绩。

把竞争引入良性轨道是关键

人们对于美好事物都有羡慕之情，这种羡慕之情源于对别人拥有而自己没有的好的东西的向往。关系亲密的人，这种羡慕之心尤为显著。你也许不会去羡慕小布什能当美国总统，但是你可能会对你同事上调为经理一事羡慕不已。这种情感有时会因为某种关系的确定而消失，例如：由恋人变成夫妻，对方的长处就会被另一方共同拥有，此时这种羡慕的想法就会消失。而当这种关系亲密的人的角色不能转换时，羡慕之情就会一直维持下去。比如说抬头不见低头见，工作上又相互较劲的同事之间；学习成绩不相上下，又竞争同一所名牌大学的同学之间。一般来说，越是亲近，越是熟悉的人之间越是容易产生羡慕之情。

很多人羡慕别人的长处，就会鞭策自己，努力工作、刻苦学习，赶超对方。这种人会把羡慕渴求的心理转化为学习、工作的动力，通过与同事的竞争来缩短彼此间能力的差距。这种行为引发的竞争就是良性竞争。

良性竞争对团队有着很大的好处，它能促使团队内的员工之间形成你追我赶的学习、工作气氛，每个人都积极思索着如何提高自己的能力，掌握更多的技能，从而取得更大的成就。这样一来，团队的整体水平就会不断提高，充满生机与活力。

但并不是所有的人都明白“临渊羡鱼，不如退而织网”的道理，他们由羡慕转为忌妒，甚至是嫉恨。这种人不但自己不思进取，相反，还会想出各种见不得人的花招打击比他们强的人，通过使绊、诬蔑等手段来拉先进的后腿，让大家扯平，以掩饰自己的无能。这种恶性竞争只会影响先进者的积极性，使得团队内人心惶惶，员工之间相互警惕，以免被暗箭所伤。如果整个团队长时间处于这样的气氛中，那么员工的大部分时间和精力都会耗在处理人际关系上，就是身为管理者的你也会被如潮涌来的相互揭发和抱怨给淹没。这样的团队你还能有什么指望呢？在这样的公司里，大家相互抗拒，工作不能顺利完成。人人都活得很累，以致公司的业绩平平淡淡。

恶性竞争阻碍良性竞争激励功能的正常发挥。如果你是一个团队的管理者，平日一定要关心员工的心理变化，在公司内部采取措施，防止恶性竞争，并积极引导手下的员工参与到有益的良性竞争中来。

除了人品的因素外，竞争的规则也很重要。一些竞争不但不能激励员工，反而挫伤员工士气。如果优秀者受到揶揄，就是规则出了问题，不足以使人信服。

竞争中任何一点不公正都会使竞争的光环消失，如同一场裁判偏袒一方的足球赛。如竞选某一职位，员工知道领导早已内定，还会对竞选感兴趣吗？如进行销售比赛，对完不成任务的员工也给奖，能不挫伤先进员工的积极性吗？失去了公正，竞争就失去了意义，只有公正才能达到竞争的目的。

具体来说，防止恶性竞争、引导良性竞争需要注意以下 8 个方面：

1．要有一套正确的业绩评估机制。评判的标准要尽量客观，少用主观标准。要多从实际业绩着眼评价员工的能力，而不能根据其他员工的意见或者是管理者自己的好恶来评价。

2．进行团队精神塑造，让大家明白竞争的目标是团队的发展，“内耗”不是竞争的目标。

3．创造一个有奖励的共同目标，而且只有大家团结合作才能达到这个目标。

4．对竞争的内容、形式进行改革，剔除能产生彼此对抗、直接影响对方利益的竞争项目。

5．在团队内部创造出一套公开的沟通体系。要让大家多接触，多交流，有话摆在明处，有意见当面提。

6．创造或找出一个共同的威胁或“敌人”，如另一家同行业的公司，以此淡化、转移员工间的对抗情绪。

7．不能鼓励员工搞告密、揭发等小动作。不能让员工相互之间进行监督，不能听信个别人的一面之词。

8．批评彼此暗算、不合作的行为，指出从现在开始，只有合作才能受到奖励；或者批评不正当竞争者，表扬正当竞争者；坚决惩罚那些为谋私利而不惜攻击同事、破坏团队正常工作的员工，清除那些“害群之马”。

总之，管理者是一个团队的核心和典范，他的所作所为对于团队内的风气形成起着至关重要的作用。同时管理者还必须从制度和实践两方面入手，积极引导员工进行良性竞争，让大家心往一处想，劲往一处使，将工作越做越好。

把员工的积极性夸出来

每人都有做个重要人物的欲望，都渴望得到别人的夸奖和肯定。夸奖有一种非常有效而且不可思议的推动作用，它能赋予人一种积极向上的力量，极大地激发出人们对事物的热情。

心理学家威廉·詹姆士曾说：“人类本性最深的企图之一是期

望被人夸奖和尊重。渴望夸奖是每个人内心里的一种最基本的愿望。我们都希望自己的成绩与优点得到别人的认同，哪怕这种渴望在别人看来似乎带有虚荣的成分。”

著名幽默大师马克·吐温更是对夸奖的作用大加赞赏：“我可以为一个愉悦的赞美而多活两个月。”

有一位琴德夫人，她雇了一个女仆，并告诉她下星期一上工。之后，琴德夫人打电话给那女仆以前的女主人，得知她做得一切都不好。当女仆来上工的时候，琴德夫人说：“赖莉，我那天打电话给你以前做事的那家太太，她说你诚实可靠，会做菜，会照顾孩子，但她说你不整洁，从不将屋子收拾干净。我想她是在说谎，现在你穿得很整洁，人人可以看得出。我打赌你收拾屋子一定同你的人一样整洁干净。你也一定会同我相处得很好。”

她们后来真的相处得很好。赖莉把屋子收拾得一尘不染，她情愿多费一小时工夫打扫，也不愿使琴德夫人对她的希望落空。

可见，如果你要在某方面激励或者改进一个人，就要做得好像那种特点已经是他的显著特性之一。莎士比亚说：“假定一种美德，如果他没有。最好是假定，并公开地说，对方有你要他发展的美德。”给他一个好名誉，他因为不愿让你失望，而愿意尽力去做。

雷布兰克在她的纪念物《我同马克林的生活》一书中曾讲述了一个卑微的比利时女仆的惊人变化：

一个女仆从一家邻近的旅馆给我送饭，我称她为“洗碗的玛莉”，因为她的职业开始时是一个厨师的助手。她好像是一个鬼怪，斜眼、弯腿，是一个肉体及精神都可怜的人。

有一天，当她用通红的手托着一盘面送给我时，我爽直地对她说：“玛莉，你不知道你身上有什么宝藏。”

惯于约束情绪的玛莉等了几分钟，不敢冒险表示一点态度，恐怕惹祸。她将盘子放在桌上，叹了口气，巧妙地说：“夫人，我以前从来不会相信的。”她没有怀疑，没有发问，只是回到厨房，反复我所说的话，信心非常之大。从那天起，虽然没有人给她相当的体恤，但最奇怪的变化，却发生于卑微的玛莉本身。她开始相信自己身上有一种看不见的东西，开始非常小心地留意自己的面部及身体，并将她的缺陷之处遮掩起来，她枯干的青春好像开起花来了。

两个月以后，在我要离开的时候，她宣布将要同厨师的侄子结婚。“我将要做太太了。”她说着并向我致谢。一句话改变了她整个的人生。

一句普普通通但却真挚诚恳的赞美之语，也许在别人却是莫大的鼓舞与激励。它可以给平凡的生活带来温暖和欢乐，可以给人的心田带来雨露甘霖，给人带来鼓舞和积极向上的力量。在生活中，大多数人希望自身的价值得到社会的承认，希望别人欣赏和称赞自己。所以，能否获得称赞，以及获得称赞的程度，便成了衡量一个人社会价值的标尺。每个人都希望在称赞声中实现自身的价值，你的员工也不例外。

著名的心理学家斯金纳说，要想达到最大的诱导效果，你应尽可能地在行为发生之后，立即加以夸奖。

事实确实如此。每一位家长都有这样的经验，要你的孩子学好，与其用严厉的责备，不如用称赞鼓励。“你的字写得真好！”你这样对他说了，下一次他会写得更好。这一方法同样可用于对待你的部属，这比用命令督促好得多。

许多管理者永远不会对他的下属说一句称赞的话，他整天只是不断地板起面孔来督促着下属，以致团队里显得暮气沉沉，毫无活跃的景象。这样的团队，决不会有长期的发展。

优秀的管理者懂得，激励员工绝佳的方法就是夸奖。在员工取得成绩时，他们最想得到的，就是上司对他的肯定与鼓励。你的员工感受到自己的表现受到认可和重视时，他们会以感恩之心表现得更加出色。对于员工来说，他的成绩哪怕是微不足道的，如果能大方地给予如蜜般甜美的赞美之词，就会是一种莫大的鼓舞。在员工眼中工作会是一片灿烂与美好，把良好的心理状态带到工作中、带到客户中，这个公司的效率自然会得到提高。

把赞美送给员工，即使是只语片言，也会在他精神上产生神奇的效应，令他心情愉快，激情回荡。在赞美的过程中，双方的感情和友谊会在不知不觉中得到增进，而且还能调动其交往合作的积极性。

夸奖是贴近人的本性的激励方法，得体的赞美，会使你的员工感到很开心、很快乐。它是一种博取好感和维系好感最有效的方法，还是促进人继续努力的最强烈的兴奋剂。以温言轻语来褒奖他人，更容易让人接纳。如果有一天你对下属说："公司对你的工作很满意，你安心努力做下去吧！"他会觉得这一句话比给他加工资还令人振奋。

每个员工都想要得到领导的奖赏，需要得到别人包括团队同事的肯定；需要别人知道自己的价值，自己的优点。这是一切交往、一切谈话的基本出发点，也是古人所谓"行止于礼"的涵义所在。夸奖具有不可思议的魔力，是激励员工的有力手段，管理者要善于使用夸奖把自己的员工变得干劲十足。

从经济学的角度来看，夸奖是一种产出远远大于投入的投资。给人以赞美，甚至不需要做物质上的付出，但却可能得到超出想象的回报。

夸奖之所以有这样的妙处，是因为当你称赞员工的时候，他觉得自己的一切都是主动的，自己的继续努力也是主动的。所以当你想让员工把工作干得更好，最好不要老是站在管理者的立场来严肃地教训他；留心他的工作，找到值得称赞之处时，就紧抓机会鼓励他，那么你一定会得到丰硕的收获。

让企业文化具有明确的激励指向

企业文化又叫组织文化，是一个团队长期提炼培育逐步形成的一种适合本团队特点的经营理念，是团队群体特有的价值观、行为规范等的总和。它是员工在经营活动中所创造的、具有本企业特色的群体意识和行为规范、产品服务等，其中蕴含的价值观和企业精神是企业文化的核心内容。

以企业的价值观为核心的企业意识形态，是企业文化赖以存在和发展的基础，这是任何企业文化的共性。企业文化的本质是企业明确倡导的，高于企业经营规则之上的行为道德规范。这个定义，首先揭示了企业文化的本质仍然是一种“行为道德”规范，它是一种行为规范，而不是行为事实；其次，这个定义还揭示，企业文化不是隐性的潜规则，而是具有明确指向的显规则，它是企业有意识的观念倡导和制度安排，从属于制度规范范畴。

兰德公司的专家们花了20多年的时间，跟踪了500家世界大公司，最后发现，那些经历百年不衰的企业有一个共同特点：它们不再以追求利润为惟一的目标，它们有超越利润的社会目标。具体地说，它们具有如下三条蕴含激励内涵的原则：

1. 人本主义：人的价值高于物的价值。卓越的企业总是把人的价值放在首位，物的价值总是第二位。以人为本是企业文化的核心和根本，因为人是财富的根本源泉。

2. 团队精神：共同价值高于个人价值。诺贝尔经济学奖得主，剑桥大学三一学院院长阿马蒂亚森曾说：“一个基于个人利益增进而缺乏合作价值观的社会，在文化意义上是没有吸引力的，这样的社会在经济上也是缺乏效率的，以各种形式出现的狭隘的个人利益增进，不会对我们的福利增加产生好处。”这表明，团队精神不但是一种美德，而且是对经济和福利更有增进作用的有效率的合作模式。

3．奉献精神：社会价值高于利润价值，用户价值高于生产价值。一组个人和物质资料，当初结为一个企业，纯粹是为了节约交易费用之后的剩余——利润。但若企业希望能长久生存下去，则需要考虑的不仅仅是现有的利润和盈利，企业必须要考虑到自己是否在竭泽而渔。一个理性的企业必然会明白，只要与环境形成了良好的互动，利润价值和生产价值反倒会成为必然的副产品随之而来。因此，企业文化中包含着奉献精神。

企业文化是上述三条基本原则的综合体，是一种显性的、有意识的安排，它通过塑造具有共同理想信念、明确的价值取向、高尚道德境界的文化，形成了一种“行为道德”规范，从而形成了一种作为道德氛围的制度规范，具有明确的激励指向。

但长期以来，文化因素并未获得足够的重视，原因在于社会发展的各个方面。比如，文化发展似乎不如经济发展显得重要，而且，文化发展及文化因素的影响通常是长期而缓慢，不易察觉。但这并不能否认文化因素的作用。相反，文化的作用不是体现在表面层次，其作用是深层次的，带来的影响也是深远的，文化中包含的价值观为人力资本带来了更高级的激励。

一个成功卓越的、有效能的企业主要是靠企业的基本或共同价值观，即企业文化。早在 1982 年，美国管理学者彼得斯和沃特曼在《寻求优势——美国最成功公司的经验》一书中就提出这种观点。这一观点的内涵是共同价值观与 6s 的统一，“6s”即制度

（system）、策略（strategy）、结构（structure）、作风（style）、人员（staff）、技巧（skill）。

当我们试图对团队内成员实施激励时，应该认识到：企业文化的作用是长期的深层次的，是随企业经营而沉淀的，同时它又是独特的，一个企业只有形成适合自己企业发展的文化特质，才能拥有长期竞争力。

作为一个企业，文化的核心在于一种"价值评价体系"。具体而言，就是在企业成长过程中，将其中优秀的积极的东西加以沉淀，并融合国家的、民族的文化传统与变化发展的环境进行整合、总结、梳理、提升、升华，从而对内凝聚成企业的精神力量，形成一种信任、团结、合作上的激励氛围，对外则转化为产品力量、市场业绩。在一个优秀的文化氛围中，团队成员获得的是一种价值的肯定，包含尊重、成就感以及自我发展，这比单纯的经济利益更高级，也更有效。

纵观企业经营实践，松下有其"松下精神"，微软则主张自由、创造与发现；在中国，"海尔文化"也吸引着人们的目光。人们正逐渐认识到文化生存也许才是一个企业最高的生存方式，探寻有效的文化激励手段正成为一个世界性的话题。作为一个现代管理者，我们对此也不可视而不见。

奖励失败，不只是奖励成功

犯错误的时候人们最不愿看到的就是惩罚。这一点我们每个人都有体会，若是因为失败而受到处罚，大家就不敢轻举妄动了。因此，我们要学会采取“奖励失败，不只是奖励成功”的措施。因为人人战战兢兢、提心吊胆地过日子的团队，它注定活不长。员工犯的错即使是大错，也不要就随随便便把人炒了，否则，团队很危险。

为了鼓励员工具备承担风险的勇气，不妨推出“奖励失败，不只是奖励成功”的措施。让职员明白，只要你的理由、方法都是正确的，那么，即使结果失败，也值得鼓励。

花旗集团的前总裁瑞斯顿也曾说过：“不能从失败中汲取教训，则是罪过。”管理者们可以通过鼓励甚至奖励失败，着手培养敢于冒险、充满自信的工作团队。鼓励别人勇于冒险的一个方式是以自身的失败作为例子，公开坦诚地谈论自身的错误与挫折，从中得来的经验教训，让员工知道当你害怕、对结果没有把握时也要敢于冒险。

微软公司的副总裁强·提凡有一句流传于公司内部的名言：“如果解雇犯了错误的人，也就等于否定了这个教训的价值。”微软公司愿意聘用那些曾经犯过错误而又能吸取经验教训的人。微软的执行副总裁迈克尔·迈普斯说：“我们寻找那些能够从错误中学会某些东西、主动适应的人。在录用过程中，我们总是问应聘者，你遇到的最大失败是什么？你从中学到了什么？”

格里格·曼蒂与别人一起在1982年共同创立了爱林特计算机系统公司，10年后，公司由于入不敷出而倒闭。而微软在1992年12月聘用了曼蒂，任命他为部门主管，负责筹划如何把新技术用来制造消费产品。微软从曼蒂身上发现的不仅是他的技术和管理经验，更重要的是，曼蒂是一个敢用远见打赌的人，即使这种远见付诸东流。微软的人会告诉你：用远见打赌是公司存在的全部。许多远见最终以失败告终，但这并不重要，重要的是他们曾尝试过。

在寻求有远见的冒险者时，微软喜欢尝试那些成功地处理过失败和错误的人。一位高层管理人员说：“公司接受了很多内部的失败。你不能让员工觉得如果做不成，他们就可能被解雇，如果那样，没有人愿意承担这些工作。”在微软公司，最好是去尝试机会，即使失败，也比不尝试任何机会好得多。

提拔曾犯错误的员工是微软的优良传统。副总裁鲁兹·席格门曼有一次兴高采烈地对其下属讲述自己的职业生涯：“我起初负责的是区域网络系统的行销工作，但是一败涂地。接着公司派我负责视窗系统中的Workgroups的行销工作，起初很不稳定，但逐渐有了起色，于是我被派任比尔的助理。在提出对线上商业服务的建议后，他让我负责开发这个领域，结果是在不稳定中获得成功，因此我获得了今天的副总裁的职位。很难想象如果我开始就一帆风顺，今天又会是怎样的局面。”

1998 年，微软的 Excel 软件上市后被发现有重大瑕疵。

当时的产品经理硬着头皮去见比尔·盖茨详述此事，建议将上市产品全数收回。比尔告诉他：“今天你让公司损失了 2500 万美元，我只希望明天你表现得好一点。”时至今日，这位产品经理杰夫·雷克斯已经成为微软内部顶尖的主管之一了。

由于待开发的领域太多，所以“容许失败”早已成为微软工作程序的一部分了。只要是在合理的范围内，微软人往往不需要为犯错而受到惩罚，因此不会因为畏惧而怯于挑战新事物。就员工而言，不但可以激发其想象空间，更不会轻易就放弃任何一个含有进步因素的机会。对公司来说，容许失败正是进步的契机。

“勇于尝试必有所得”，这项原则在微软轻松的工作气氛中获得了真正的实践。

“错误”这个词按照常理是不受欢迎的字眼，没有几个人会喜欢它，但我们必须对它采取拥抱的姿态。很多时候，创造的团队就是人的团队：我们造就了不起的人，然后，由他们造就了不起的产品和服务。我们怎样造就那些了不起的人呢？其中一个重要的机制就是允许失败，使他麾下那些本意善良的敬业的人在遭受挫败时学会与错误共舞。

用“地位”调动员工的热情

无论何时何地，人们都希望有自己的地位。让那些优秀的员工担当重一些的责任，哪怕只是个小主管，他也会觉得已确立了自己的地位，干劲就会十足。

有许多基层的员工，虽然他们很优秀，但却很少考虑工作的整体，觉得想休息就不去上班；而一旦职位提升，反而会认为“工作第一”。许多基层员工总是对上司抱有敌对心理；而一旦赋予他某种责任，他反而会改变态度，热心督促属下工作。

当然，有时并没有那么多的职位可供安排，可以退而求其次，可让他当个指导者，指导后进人员，或者干脆建立责任制度。比如，向来不管家中财务的人，一旦叫他管理财产，他反而会收敛贪玩个性，一改常态，专心负起责任来。人无论是在家中还是团队内，只要确立了地位，就会觉得责任感加重，有奋发向上的意念。

你也可对年资满一年以上的员工说：“你们现在已是企业的中坚分子，工作纯熟，因此我需要你们来指导新员工。要知道，这是一项很重要的工作，希望你们好好地干。”这些人一旦担任指导者，清楚了自己的地位，工作起来就格外有热忱。

由此看来，让员工确立位置并非一定要赋予某种实实在在的地位。只要在感觉上，让他感到有人依赖他、信任他，使他感觉自己俨然是位经验老到的人，就可以使其自认已确立地位了。也就是说，只要让他专门负责某件事，使其独当一面，就会达到这种效果。

30个不同行业的工会的倡导者、美国劳工协会的缔造者塞缪尔·冈珀斯，他在刚刚开展工作时，感觉十分艰难。工人们大部分都是毫无团队的，而当时他既没有钱，又得不到足够的外界帮助。

有一天，他灵机一动想出了一个计划。他自己创造设立了一个“民间委任状”，授予那些愿意组织工会的人。在一年中，以这种方式被委任的人就有80人之多。美国劳工协会会员的数目从此开始激增。

没有几个领袖能比拿破仑更清楚“地位”的价值了，也没有人比他更能明了人类对于这种极具诱惑力的东西的渴望是多么的迫切。

为了使那些拥护他的人都能牢固地团结在他新创的帝位之下，拿破仑对赏赐毫不吝惜，创立并封赐了许多崇高的头衔和荣誉。他创制了一种勋章，并且立刻将1500个以上的十字勋章授予他的臣民；他重新启用了法兰西陆军上将的官衔，将这一高位封赠给了18位将官；同时给优异的士兵授予“大军”的光荣头衔。很多头衔尽管是虚的，但它们仍然具有非常特殊的功效。

给个头衔，给个位置，对人的影响是非常大的。这个小小的“授权”技巧，能给你的工作带来很大的动力，其作用是不可小视的。

地位不仅仅是一份更得体的薪水和一张更宽大的办公桌，为了地位，很多人不在乎为了工作长期加班。地位表明的是一种认可，一种身份。身份变迁，直接关系一个人的荣辱兴衰，决定着其积极性的涨落。当一个职业经理人被邀请参加只有经理人才能参加的俱乐部时，他体会到比获得薪水还要开心的感觉；当一个管理者成功地率领团队取得了公司销售竞赛的第一名时，他的奖金不一定比某些金牌销售员高，但他却表现出管理者的陶醉。

正如我们刚刚提到的，地位当然不仅仅是职位，地位应该是一种认可，是一种荣誉和一种尊敬，它带来的是满足与责任。

事实证明，象征地位的头衔即使没有实在的权力，也能刺激人，能鼓励人们更加努力地工作，也能赢得人们的忠心和热诚。

以工作业绩为提拔员工的标准

恰当、有效的激励机制，是提高员工积极性、促进团队工作效率提高的手段之一。给员工以晋升的机会，就是其中一个不可或缺的激励因素。它带给员工的不仅仅是一份更得体的薪水。还表明了一种认可，一种身份、一种荣誉和尊敬，它为员工带来的是满足与责任。因此提升在任何时候都具有强大的激励作用。它使人自信，主动追求卓越；使人充分发挥潜在的能力，使人处于持续不断的发展过程中。

但若按资历提拔，不但不能鼓励员工争创佳绩，反而会养成他们坐等观望的态度。这会降低晋升的激励作用，甚至产生负面效应，打击员工的工作士气。最好的方法是“通过衡量员工的业绩去任用”。事实表明，用员工的个人成就决定员工的提拔升迁，将会更有效地激励员工，培养员工向优秀员工看齐的企业精神。

“业绩决定晋升”，固然会给员工带来一定的工作压力，但重要的是它把握在员工的手中。拥有了晋升主动权的员工可以直观地看到自己努力与进步的轨道，让他们深切感受到赢得胜利的悸动。这一切均可产生强大的激励，促使员工更加努力地工作，使劳动生产率达到最大化。

在美国施乐公司，为了促使员工努力工作，管理者在“提升员工”上狠下功夫。他们首先根据员工为公司创造利润的多少，将员工分为三类：工作模范，能胜任工作和需要别人督促工作的员工。员工要想被提升到公司最高层的领导岗位上，首先必须让自己的业绩达到工作模范的标准。而要想成为较低层次上的管理者，最起码要达到能胜任工作的底线。至于需要别人督促工作的那一类员工，则根本得不到提升的机会。施乐公司通过这种机制让每个员工明白：只要你能不断创造更好的业绩，永远将有更高的职位等着你。反之亦然。

比尔·卡特就是“业绩决定晋升”的受益者。初进施乐公司时，他只是一名普通的推销人员，但他工作积极勤奋并善于思考。为了推销更多的产品，他让妻子在他的车里放上一大罐柠檬汁和一些面包，这样他可以一天不停地在外面奔跑销售，而不必回家吃饭。卡特有自己的推销策略。他认为，裤子右口袋处常有磨损的推销人员绝不可能取得成功。因为这说明他在同客户握手之前，总要在裤子上将手中的汗擦掉，这是缺乏自信的表现。而推销人员要想成功必须具备自信。

卡特靠自己超人的智慧和吃苦耐劳的精神，为公司销售了大量的产品，销售业绩一度高居公司榜首。为了鼓励卡特再接再厉，获得更好的成绩，公司将他提拔为销售部经理。迅速的提升，使卡特对工作充满了更大的热情和干劲。即使在街道上散步，他也会观察两旁的建筑群，思考如何使每一幢建筑里的公司，都成为施乐复印机的用户。于是他一再被提拔，最终被提升为负责全国销售业务的经理。事实证明，“以业绩决定晋升”，也是留住优秀员工，让人才为公司效力的最大原动力。

因为人才在工作中不只满足于工作本身，更强调自我的体现。这个道理虽然简单明了，可是许多管理者却做不到。重要的是他们常跟着感觉走，被表面的现象欺骗，以致失去了判断力。在很多时候，他们提升一个人，是因为这个人与自己投脾气。

若管理者是快刀斩乱麻的人，他就愿意提升那些干脆利落的员工；若管理者是个十分稳当、凡事慢三拍的人，就乐意提升性格优柔寡断、小心谨慎的员工；管理者若爱出风头、讲排场，就不喜欢那些踏实做事的人；这些都是晋升的误区。另外，在现实工作中常存在着这样一种现象：管理者在刚开始的时候，会给予他喜欢的人才一定的发展空间。

一段时间过后，被雇用的人才掌握了大量的工作经验，轻而易举地就能把工作做好。这时，他的工作能力与现有的位置已极不相衬，晋升是解决这个问题的有效手段，通过晋升可以把人才的创造力长久地保持。可惜的是，很多管理者常常忽视了这一现象的存在。结果人才因能力被束缚而备受压抑，工作热情逐渐降低，失去了原有的生气和活力。

弗兰克是一家跨国集团的副总裁。在一次到加州分公司视察时，弗兰克发现那里的销售经理科尔曼是个难得的人才，立即将他调到总部，担任总部销售科经理助理。弗兰克知道，以科尔曼的才华来讲，这个位置有点大材小用。他打算让科尔曼先熟悉一下总部的销售工作，然后再另行安排工作。没想到一个月后，弗兰克被调任到某亚洲大国的分部，全权负责那里的工作。弗兰克在那里一干就是五年。五年后，弗兰克再次回到总部。他记起自己一度赏识的科尔曼，心想："他现在应该成为某分公司的负责人了吧？"

但一切出乎预料，站在弗兰克面前的科尔曼，已不再是充满激情和活力的年轻人，他变得愤世嫉俗、固执，目中空洞无物。弗兰克难过极了，怎么会这样呢？原来，科尔曼到总部后，很快就展示出他过人的才华，把经理助理的工作干得近乎完美，后来甚至全盘接管了经理的工作，他的上级深感离不开他，丝毫没有让他调走的想法。科尔曼只好停留在经理助理的位置上，多次晋升的机会与他擦肩而过。最初科尔曼没有什么想法，但随着时间的推移，科尔曼对前途失去了信心，对工作也不再认真对待。

从某种程度上讲，如果企业不能为员工提供足够的升迁机会，多半是因为企业整体或某些部门停滞不前的缘故。这时企业必须下定决心采取行动，设计一定的级别和头衔并创造出足够的层次，或者采用“优胜劣汰”等方法腾出位子，以便能让有能力的员工一次又一次地提升。

微软内部晋升的竞争激烈而迅速，每隔几个月就重新组合一次，不断重组的结果就是微软始终存在晋升机会。因为在重组中，不断有绩效不彰的人被调离，留出空缺。只不过晋升的机会并非给予等它十年的人，而只给予业绩最高的人。

第六章

注重分权，合理运用权力威力

有的管理者总是不敢授权于下属，他们总觉得自己是管理者，如果自己把权授于别人，生怕自己成为一个空架子。这些问题一直困扰着团队发展，团队的经济发展是靠管理好内部事务而成功的。聪明的管理者懂得分出权力，运用权力威力强化团队的正能量。

分散管理，解放自己

很多团队的管理者被烦琐的事务纠缠，无法解脱，如果学会分散管理，马上就可以感觉到轻松多了，同时也可以用足够的时间去完成重要的事，这种管理的方式能使你的事务管理产生高效。

什么叫分散管理呢？就是说，把自己并不重要的事务让别人去做，使自己从烦琐的纠缠中解脱出来，更有利于从事一些有价值的事情。比如：公司的老总们每天除做好自己的工作计划之外，还需要做接电话、写报告、接待客户等一些日常事务，一天下来累得是焦头烂额。假如把这些日常事务交给一个人或多个人处理，老总就可以轻轻松松地完成一些有价值的事情。

可是，很多管理者觉得不如靠自己更省时省事。其实把责任分给其他人，才有余力从事更有价值的活动。因此，学会运用分散管理的方法，是事务管理产生高效的有效方法之一。假如你整天沉溺于烦琐的事务中，占据你大部分时间，你还会有时间去搞发明、搞计划、搞创新吗？因此，你的团队要有一个突飞猛进的发展，你必须学会运用分散管理处理好你的事务。只有把你的事务处理好了，你才有时间去谋略更长远的计划。

邦达尔有一个自己的公司，这是一家专门从事写作的文化发展公司。公司创立伊始，只有邦达尔以及3名编辑。虽然忙碌一点，但也能过得去。因为他的业务量并不大，每月大致可以出3～4本书。

随着公司的进一步发展以及业务需要，他同时又招聘了4名业余作家为他工作。以前，每天有10几个电话打过来，现在却有近40个电话。一会是出版社说交去的稿件错误率太高，一会又是工作人员的朋友要找某人有事……总之，把邦达尔忙得是焦头烂额，无法进入写作状态。为此，邦达尔想尽了一切办法，为了有一个安静的写作场所，邦达尔把公司搬迁到了远离市区的远郊，甚至还规定工作期间工作人员一律不接待朋友或家人，并且不准他们把电话打进来。

这样一来，果然很起效，找进打出的电话少了一半，可是出版社的电话总不能不接吧，客户的来访总不能不招待吧。就这样邦达尔仍然被各种事务缠身，有时候，在大脑中刚刚想出一段话，却被敲门声打断了思路，当接待完来访人时，早已忘得一干二净，只好坐下来，重新构划。

邦达尔为什么总是被一些事务纠缠得焦头烂额呢？因为他没有处理好这些事务，没有学会运用分散管理的方法，来代替自己的繁忙，像这些本来是一个普通人能干得了的事情，邦达尔却事必躬亲，因此将大部分时间用到了处理这些事务上，结果造成了本来可以从事更高价值的写作，却被小事缠身。

后来，邦达尔遇到了一位朋友。朋友问邦达尔为什么好长时间没有见到他的踪影，邦达尔说："我忙得不可开交，哪里有时间呢？"朋友半信半疑地问："是什么事情使你忙得不可开交？"邦达尔说："好长时间了，因为被一些事务缠身，我几乎没有写过一篇好的文章。"

朋友顿时明白了邦达尔的一切，他告诉邦达尔说，这些都是不该让你大为操心的事，你可以让别人来帮助你处理这些事务，你就可以有更多的时间，去做对你更有利的事了。听了朋友的话后，邦达尔像醉汉被一场大雨冲洗过一样，突然醒悟了过来。

第二天，他在附近的郊区用月薪800美元雇佣了一位年轻女子，专门负责接电话、招待客人等一些事情。从此以后，邦达尔不在为这些小事忙碌了，他专心致志地写作，一个月后，邦达尔就写出了两本将近30万字的书，每本书的稿费是1.5万美元，两本书得到了3万美元的稿费。

就这样一个简单的办法——让别人代替自己管理事务，也可以叫做分散管理，却困扰了邦达尔近半年的时间，不仅被小事忙得不可开交，而且也耽误了自己的时间，后来邦达尔只花了800美元雇佣了一位年轻女子为他处理这些日常事务，而得到的却是3万美元的回报。

为什么邦达尔以前就没有想到这个事情呢？因为有的人觉得靠别人不如靠自己，认为自己的事由自己办更省时省事，你可以想想邦达尔为什么以前不能从事自己的职业，而被一些小事情忙得不可开交？后来雇佣了一位年轻女子自己却在不到一个月的时间写了两本书。通过对比，你就知道运用分散管理的力量，要比自己事必躬亲的效果要好得多。

还有一种人存在着一种恐惧心理，不敢采用分散管理的方法，这些人怕一但把权力交给别人，自己就成了空架子。

但是精于管理的人并不这样认为，他们会把权力授于各部门，让他们去为自己管理事务，从而使自己有更多的时间来分析市场动态，搞一些创新发明，这样不仅分散了事务管理，同时也能增强企业的生命力和竞争力。

日本尼西奇公司是一家专门生产雨衣、雨伞的公司，突然宣布转产，改为生产婴儿尿布。结果商品畅销，经久不衰，该公司很快成为一个世界有名的大公司。

说起这家公司的成功之道，董事长多川博说："我的公司原来是一个仅有30人生产雨衣的小公司，公司虽小，可事务繁多，但我并不为这些事务而感到忙碌，因为我把我的权力都下放到各个部门，由各部门料理自己的事务。比如，客户要求订货，由营销部直接负责；生产的原料及成本，则由生产部管理。我每天只阅读各部门的情况报告，这样我就可以有更多的时间去了解市场，搞发明创造。这样更有利于公司的发展，像我们现在生产的尿布，就是我通过一份人口普查报告而得出的结论。”

多川博把权力授予各部门，就是为了减轻自己被事务缠身的压力，使自己有更多的时间来琢磨市场，了解市场需求，才使他的公司成为世界有名的大公司，这不难看出分散管理所起到的作用和效果。

如果多川博不把权力授予各部门的话，会是什么样的呢？你可以设想一下，比如一天需要做很多事，一个人做这些事，你就会觉得忙碌，甚至是力不从心；假如有三个人完成这些事，是否就显得轻松自如呢？如果多川博自己把这些事务全包揽，他就没有时间去搞发明创造，他把这些事分散到各部门，他就有了机会，有了时间，因此产生了更高的效益，所以说，学会分散管理是管理者成为管理好团队事务的必经之路。

给下属一个自由的空间

作为管理者，你可以离开员工一段时间，尽量给他们留出一些自我发展的空间。这样当你回来时，你会吃惊地发现员工在你不在的时候取得了多么令人满意的成绩。让员工自由发挥是管理者走向成功的一种有效的方式。如果你已经能够培养员工按照你所构想的方式去做；如果他们真正能承担起自己的责任；如果你能让他们自行其是；那么，当你离开的时候，所有的一切都可以圆满地完成。

让员工拥有自己的头脑，其前提是你必须充分相信和认可他们。你给予他们的自由空间越大，他们所做的事情就越容易成功。

我们倡导管理者要善于授权，给下属一个尽情发展的空间，让下属人尽其才。人才最大的价值在于被任用的过程中，因此，用才是否得当成为事业成败的关键。想成大事必须懂得分层负责，不要事必躬亲，只指示基本方针，其余都分给各层独立负责，自主发挥。在委任与控制的艺术上，松下幸之助认为：看重下属的长处，大胆地把工作交给部属，才是造就人才的康庄大道，也才能获得卓越成效。管理者必须具有这种气度，再配合以适当的技巧，让被委任者既能发挥主观能动性，又不至于完全脱离控制，才能调动部属的积极性和创造性。

有一段时间，盛田昭夫几乎每个晚上都和年轻的中下级主管一起吃晚饭，有说有笑，一直聊到很晚。

在聊天的过程中，盛田昭夫注意到一个小伙子心神不定，闷闷不乐，就走上前去耐心询问，叫他把心里话讲出来听一听。

小伙子看了看盛田昭夫，喝了几杯酒后，终于开口了："在我加入索尼公司以前，我一直以为这是一家了不起的公司，也是我惟一想进入的公司。但是由于我职位低下，我只觉得是为某某上司卖命，而不是为索尼公司工作，这样，我的上司也就代表了公司本身。这本来也没什么，但偏偏这人是个大草包，我所做的每一件事，或者每一个建议，都要由他来决定。我因此对自己在索尼公司的前途感到失望。”

这番话深深触动了盛田昭夫，表面看来，公司已相当融洽，但往内部深入肯定还会存在类似的问题，必须及时了解这些藏在内心深处的问题，才能减轻员工的心理烦恼。

于是，盛田昭夫下令发行一份公司内部周刊，并在上面刊登每个单位或部门现有的空缺职位。这样一来，员工们都能够悄悄试探公司内部其他有可能的工作机会。公司也有意让员工有机会每两年调动一次岗位，到其他相关的岗位或新的岗位去一展身手，公司希望借此给那些有闯劲、期望一试的员工提供及时的内部调动机会，使他们重新找到适合自己的工作。

这样一来，员工们通常都有机会找到自己更满意的工作，而人事部门也可以根据员工们的调动情况，摸测出具体部门管理上的潜在问题。凡是管理不当的主管，公司就将他调到另外的下属少的岗位，减少上下级的冲突。

通过内部职位流动，公司也能发现一些更低职位（如守卫）的员工，对广告方案或其他类似性质的工作十分称职。过去，公司在征求打字员、司机或守卫员时，不少人因急于找工作，没考虑仔细就前来应征。人事部门或其他主管也难以彻底了解其潜在能力，也就难以每次都量才使用。

盛田昭夫觉得有了这些机会后，员工自己也要主动寻找适合自己的工作。他对一位埋怨上司的员工说：“如果你对工作不满意，你就有权利去找一个感觉更愉快的工作，为什么不去呢？”

盛田昭夫想，如果每人都能选择到自己喜欢做的事，就会精神振奋，更加投入，这起码在索尼公司已是客观存在的事实。索尼公司有多个工作岗位，同样有多个员工，没有理由不替他们安排更适合的工作。

盛田昭夫说：“不幸的是，大部分日本公司都不这样做。很早以前，我就坚持索尼公司必须有一项与众不同的制度，在这个制度下，变化和改进的门永远大开，任何违背这套制度的做法，在我看来都是错误的。这也就是我为什么只看表现不迷文凭的根据。为此，我曾经专门写过一本书，销出 25 万册，在日本引起很大反响，这体现了一般人对于日本大部分公司管理现状的不满。这本书出版后好一阵子，索尼公司都招不到名牌大学的毕业生，他们以为索尼公司对他们有偏见，我们尽量解释不是那么一回事，我们只是任人唯才，而不仅仅以学校或文凭为标准。现在，我们的新员工都来自名牌大学。”

盛田昭夫也提到，公司早期，因为大家都是管理新手，只能硬着头皮，根据自己的感觉来经营。但当时养成了自由讨论的习惯，遇到什么问题，全公司聚在一起，每个人发表自己的不同看法，然后进行比较，得出一致意见。盛田昭夫说，公司发展到今天这个规模，自由讨论的气氛不可丢，希望这种良好的风气一直持续下去。

作为管理者，你必须让员工自己安排计划，不要任何事情都过问，让员工拥有自己的头脑，重要的是弄清员工获得什么结果与如何去获取结果的区别。更重要的是，同时应给予员工足够的自由发挥的空间，让他们自我决定怎样能最好地实现你所要求他们达到的结果。作为管理者，你不要过多干涉员工的工作，放手让他们自己去做。只有在一个目标明确，又有充分自由的空间，员工才有可能最大限度地发挥自己的才智。

因此，管理者要给下属一定的自由空间，使其具有独立做主的自由，能自己做出决定，能够激发他们工作的使命感。

大权独揽，小权分散

管理者要善于分派工作，把一项工作托付给另一个人去做。这并不是把令人不快的工作指派给别人去做，而是下放一些权力，让别人来做些决定，或是给别人一些机会来试试像你一样做事。

当然了，总有一些工作不那么让人乐意去做。这时候，也许你就该把这些任务分一分，并且承认它们或许有那么一点令人不快。但是，无论如何，工作总得完成。

在这种时候，千万别装得好像给了那些得到这些工作的人莫大的机会一样，一旦他们发现事实并非如此的时候，也许会更厌恶去做这件事。这样一来，想想看，工作还能干得好吗？为什么对某些领导来说把工作派给别人去做是件如此困难的事呢？下面就是可能的原因。

1．如果你把一件可以干得很好的工作分派给别人做了，也许就达不到你可以达到的水平了，或者不如你做的那么快，或者做的不如你精细。求全责备的思想作怪会以为把工作派给别人做，不会做得像自己做的那般好。

2．如果让别人来做你的工作，也许你会担心他们做得比你好，而最终会取代你的位置。

3．如果放弃了你的职责，你将无事可干，因为害怕在把工作派给别人做了之后就无事可干了。所以那些握小权的人，哪怕是芝麻绿豆大的小事也不愿放手让别人去干。

4．你没有时间去教别人如何接手工作。

5．没有可以托付工作的合适人选。

如果你确确实实想要把工作分派下去，那么，在你花一点时间做一番努力之后，所有上述的这些困难都是可能克服的。你要对付的第一件事也许就是自己对此事所持的推诿态度。

如果你确实有理由担心，因你的员工在工作上出了差错之后，你就会失掉你的工作；或者在你工作的地方，工作氛围相当糟糕，你担心工作不会有什么起色，这时候，你就得和你的上司谈谈这些情况，从而在分派工作这件事情上得到他的支持。

如果确实还没有可以托付工作的人选，而你自己又已经满负荷运转，那么，也许你就该考虑一下是不是该再雇用一个人。

当然，放权也需有度。其中，“大权独揽，小权分散”是现代企业管理中实行的一项既授权，又防止权力失控的有效办法。

法国统盛-普连德公司是一家生产电子产品、家用电器、放射线和医疗方面电子仪器的大型电器企业。该公司属下的分公司遍布全球，为了对这个年销售额达数十亿美元的大企业进行有效的管理，公司实行了“大权独揽，小权分散”的管理制度。

总公司把投资和财务方面的两大关键权力掌握在自己手中。公司所属的分公司，每年年底都要编制投资预算报告，并呈报总公司审核，总公司对预算报告进行仔细的分析，如果发现有不当之处，就让各公司拿回去进行修改。当投资预算批准后，各公司都要照办。当然，这些预算也不是不可变更的，只要在预算总额内，各分公司的主管还可以对预算内的金额自行调整。通常，分公司经理可对每一个预算项目增减10%，如果数目超过10%，则必须经过高一级主管的批准。

该公司建立了一项十分有效的管理控制员制度，对下属公司的生产，尤其是财务方面进行监督，这些管理控制员在执行任务时，都得到了总公司董事会的全力支持，他们对各公司的间接制造费用、存货和应收款等特别注意，一旦发现有任务不正常的迹象，就立即报告总公司，由总公司派人进行处理。各分公司每个月的财务报表必须有管理控制员的签字，才能送交董事会。

公司除了在投资和财务方面牢牢地掌握住大权，在别的方面却实行了分权。该公司的领导人认为，大的企业，其领导人不可能事必躬亲，分权制度可以减少管理者的工作压力，即使是小企业，其领导人也不可能事无巨细，统统揽在自己一人身上，也必须给下属分权，让下属发挥其聪明才智，为企业出谋划策，促进企业的发展。

因此，该公司的每一家分公司都自成一个利润中心，都有自己的损益报表，各事业部的经理对其管辖的领域都享有充分的决策权，同时他们也尽量把权力授予下级，充分发挥分权制度的最佳效果。

统盛-普连德公司实行分权管理制度后，调动了各分公司的积极性，生产蒸蒸日上，利润年年增加，获得了相当大的成功。

“大权独揽，小权分散”是统盛-普连德公司实行分权管理制度的成功经验，也是现代团队管理中实行的一项有效办法。公司的要害部门要直属，公司的关键大权要掌握在自己手里。其余的权力能放则放，这样，上下级劳逸平均，各得其所，也各安其职，个人的积极性、创造性就调动起来了，同时又不会发生权力危机。

通过授权提升自己的领导力

授权是现代领导的分身术。尼克松在谈到当美国总统的时候说，领袖有各种各样重要的选择，其中就有什么事该亲自处理，什么事可以让别人去办，以及选择什么人代表自己办事。

管人之所以给职位还要给权力，是因为这是管理工作的需要。现代化领导面临政治、科技、经济、社会协调等千头万绪的工作，即使你有天大的本事，光靠自己一个人也是绝对不行的，必须依靠各级各部门的集体智慧和群体功能。这就要根据不同职务，授予下属以职权，使每个人都各司其职，各负其责，各行其权，各得其利，职责权利相结合。这就能使管理者摆脱繁琐事务，以更多的时间和精力解决带有全局性的问题。所以与职务相应的权力不是管理者的恩赐，不是你愿不愿给的问题，而是与职务是孪生兄弟，职权相应是搞好工作的必需。

授权的方法有四点：

一是授权者要注意激发受权者的责任感和积极性。授权的目的，是要下属凭借一定的权力，发挥其作用，以实现既定的领导目标。但如果受权者有权不使，或消极使用权力，就不能达到这个目的。因此必须制定奖惩措施，对受权者进行激励，引入竞争机制。

二是要给受权者明确责任。要将权力与责任紧密联系起来，交代权限范围，防止受权者使用权力时过头或不足。如果不规定严格的职责就授予职权，往往成为管理失当的重要原因。

三是要充分信任受权者。与职务相应的权力应一次性授予，不能放半截留半截。管理者给职不给相应的权，实际是对所用之人的不尊重、不信任。这样，不仅使所用之人失去独立负责的责任心，也会严重挫伤他们的积极性，一旦有人找他们，他们就会推："这件事我决定不了，去找某领导，他说了才算。"

四是授权要注意量体裁衣。要根据受权者能力的大小，特别是潜在能力的大小来决定授职授权，恰到好处地让每个受权者挑上担子快步前进，不要有的喊轻松，有的喊压死。

管理者管人是否得当，就是看被管人根据所授予的职权，在实际工作中能否恰到好处地行使权力、胜任职务来判断的。管理者务必慎重地、认真地对待用人。希望那些以"辛苦"为荣，以"忙碌"为绩的领导，少干一些作茧自缚"忙自己，包办、代替、抑制人才"的傻事，多一些大胆放权的开明之举，集中精力想好大事，抓好大事。

如何更有效地发挥下属的积极性、创造性，这在管理中是一个令管理者感兴趣的问题，并且，不少团队进行了卓有成效的尝试。当今巴西最负盛名的企业集团——塞氏企业，创造出一种旨在最大限度地发挥员工积极性、创造性的全新管理模式。

塞氏企业是个生产多种机械设备的大型集团。几年前，理查德·塞姆勒从父亲手上接下塞氏，它还是个传统的企业。塞姆勒也深信拥有纪律的高压管理能创造效益，以统治数字为武器的强干经营也可以主导业务。但在一次生病后，塞姆勒产生了全新的想法。

塞姆勒采取的第一个步骤就是取消公司所有的规定。他认为规定只会使奉命行事的人轻松愉快，却妨碍弹性应变。在塞氏，每位新进入的员工都会收到一本20页的小册子，重点提醒大家用自己的常识判断解决问题。

现在塞氏企业的工人已经可以自订生产目标，不需管理人员督促，也不要加班费。主管们也享有相当大的自主权，自行决定经营策略，不必担心上级的干预。最特别的是，员工可以无条件地决定自己的薪水。因为塞氏主动提供全国薪水调查表，让员工比较在其他公司拥有相同技术和责任的人拿多少薪水，塞姆勒毫不担心有人会狮子大开口。事实证明，要某些人提高自己的薪水还得花上好一番工夫呢。

工人们也可以自由取阅所有的账册，公司与工会设计了专门课程，教全体员工如何看各种财务报表。

在做真正重大决定时，例如要不要兼并某公司，塞氏一律由全公司投票表决。公司没有秘书，没有特别助理，塞姆勒不希望公司有任何呆板的而又没有发展的职位。全公司上上下下，包括经理在内，人人都要接待访客、送传真、拨电话。塞氏曾做过试验：将一叠文件放进作业流程，结果要3天才送进隔壁办公室对方手里，这更坚定了塞姆勒要精简组织的决心。

塞姆勒不像别的老板那么勤于去办公。早上他多半在家里工作，因为他认为那样比较容易集中精神。他也鼓励公司其他经理在家里工作。此外，他每年至少外出旅行两个月，每次旅行绝不留下任何联络的电话号码，也不打电话回公司，他希望塞氏的每个人都能独立工作。

继组织的变革后，塞氏也改变了部门之间的合作方式。如某个部门不想与另一个部门合作，可以自由向外界购买。这种外界竞争的压力使每个人都不敢掉以轻心。塞氏还鼓励员工自行创业，并以优惠的价格出租公司的机器设备给创业的员工，然后再向这些员工开设的公司采购。当然，这些创业的员工也可以把产品卖给别人，甚至卖给塞氏的竞争对手。塞姆勒说：这样做使公司反应更敏捷，也使员工真正掌握了自己的工作——伙计变成了企业家。

此外，工作轮调也成了塞氏制度化的一部分。每年他们有20%～25%的经理互相轮换。塞姆勒认为，人的天性都是闲不住的，在同一个地方呆久了，难免会觉得无聊，导致生产力下降，惟一的方法便是轮调。同时由于塞氏各项工作的速度及频率都太快了，造成员工相当大的压力，塞氏非常重视专业再生充电，也就是休假制。借此机会员工可以重新设定个人的工作生涯与目标。

现在，每周三下午总会有几十个世界各大著名企业，如通用汽车、IBM、柯达、雀巢等的主管来到巴西的圣保罗市郊，参观塞氏这种全新的管理模式。有些参观者把塞氏管理比作东欧的社会主义。

但不管怎么讲，更令参观者惊讶的是，在经济不景气、经济政策混乱的大环境中，塞氏近12年来增长率高达600%，生产力提高近7倍，利润上升5倍。巴西一家主要杂志对大学应届毕业生所做的调查中，25%的男生和13%的女生都说塞氏是自己最想进的公司。

北欧航空董事长卡尔松大刀阔斧地改革北欧航空系统的陈规陋习，就是靠充分放权，给部下充分的信任和活动自由。

开始时，他们的目标是要把北欧航空公司变成欧洲最准时的航空公司。但他想不出该怎么下手。卡尔松到处寻找，看到底由哪些人来负责处理此事，最后他终于找到了合适的人选。于是卡尔松去拜访他："我们怎样才能成为欧洲最准时的航空公司？你能不能替我找到答案？过几个星期来见我，看看我们能不能达到这个目标。"

几个星期后，那个人约时间见卡尔松。卡尔松问他："怎么样？可不可以做到？"

那人回答："可以，不过大概要花6个月时间，还可能花掉你150万美元。"

卡尔松插嘴说："太好了，说下去。"因为他本来估计要花5倍的代价。

那人吓了一跳，继续说："等一下，我带了人来，准备向你汇报，我们可以告诉你我们到底想怎么干。"

卡尔松说：“没关系，不必汇报了，你们放手去做就好了。”

大约4个半月后，那人请卡尔松去，并给他看了1个月来的成绩报告，当然已使北欧公司成为欧洲第一。但这还不是他请卡尔松来的惟一原因，更重要的是他还省下了150万美元经费中的50万美元，总共只花了100万美元。

卡尔松事后说：“如果我只是对他说：‘好，现在交给你一件任务，我要你使我们公司成为欧洲最准时的航空公司，现在我给你200万美元，你要这么这么做。’结果会怎样，你们一定也可以预想到。他会在6个月以后来对我说：‘我们已经照你所说的做了，而且也有了一定进展，不过离目标还有一段距离，也许还需90天左右才能做好，而且还要100万美元经费等。’可是这一次这种拖拖拉拉的事却不曾发生。他要这个数目，我就照他要的给，他顺顺利利地就把工作做好了。”可见，放不放权结果大不相同。

管理者要部下担当一定的职责，就要授予相应的权力。这样有利于管理者集中精力抓大事，更有利于增强部下的责任感，充分发挥其积极性和创造性。敢不敢放权，是衡量一个管理者管理艺术高低的重要标志。

在信任的基础上大胆授权

一般的管理者不放心把权力委托给员工，这是出于“别人谁也不会像我自己做得那么好”的思想，或者是惧怕员工滥用权力，实质就是不信任自己的员工。

某杂志曾经以《你最不喜欢什么样的老板》为题向 50 位白领征询看法，结果收集上来一箩筐意见，历数老板的种种致命缺点。其中，骄傲自大、刚愎自用、不懂得充分授权和信任员工被提到的次数最多，超过了对老板个人能力、公司管理各个方面，甚至员工个人利益。是的，没有信任，又何谈授权？一些管理者表面上是把权授出去了，可是仍事事监控，或者关键的地方不肯放手，这都是不信任的表现，如此的授权又有什么实质的意义呢？

要知道，不被信任，会让员工感到不自信，不自信就会使他们感觉自己不会成功，感到自己被轻视或抛弃，从而产生愤怒、厌烦等不良的抵触情绪，甚至把自己的本职工作也“晾在一旁”。相反，在信任中授权对员工来说，是一件非常快乐而富有吸引力的事，它极大地满足了员工内心的成功欲望，因受到信任而自信无比，灵感迸发，工作积极性骤增。

本田第二任社长河岛决定进入美国办厂时，企业内预先设立了筹备委员会，聚集了来自人事、生产、资本三个专门委员会中最有才干的人员。做出决策的是河岛，而制定具体方案的是员工，河岛不参加，他认为员工会做得比自己更好。比如，位于俄亥俄州的厂房基地，河岛一次也没有去看过，这足以证明他充分授权给员工。当有人问河岛为何不赴美实地考察时，他说："我对美国不很熟悉。既然熟悉它的人觉得这块地最好，难道不该相信他的眼光吗？我又不是房地产商，也不是账房先生。"

本田的第三任社长久米在"城市"车开发中也充分显现了对员工的授权原则，"城市"开发小组的成员大多是20多岁的年轻人，有些董事担心地说："都交给这帮年轻人，没问题吧？""会不会弄出稀奇古怪的车来呢？"但久米对此根本不予理会，他大胆放手让这些年轻人去干，就这样，这些年轻技术员开发出的新车"城市"，车型高挑，打破了汽车必须呈流线型的常规。那些固步自封的董事又说："这车型太丑了，这样的汽车能卖得出去吗？"但久米坚信：如今年轻的技术员就是想要这样的车。果然，"城市"一上市，很快就在年轻人中风靡一时。

经营之神松下幸之助说："用他，就要信任他；不信任他，就不要用他。"所以，当企业管理者给下级授权时应当充分信任下级员工能担当此任。

郑先生在一家中型计算机公司就职，一天，他将自己拟好的销售计划在下班时塞在了经理办公室的门把手上，不久，他便被邀去说明情况。在他进门后，经理开门见山地说：“计划写得不错，就是字体太潦草了。”郑先生紧张的心放松了下来，随即问道：“这项计划是不是预算开支较大啊？要不我再与两个同事一起来修改修改，然后再向您汇报一下。”经理不等他说完便打断了他：“费用问题对于我们公司来说是不大的，我看计划确实不错，你要有信心干好，那就去干吧，别让时机错过了！”

郑先生先是吃了一惊，然后信心十足地拿起计划离开了。大约两个月以后，他的计划取得了很大的成功，经理专门在会议上表扬了他，公司也给了他一定的奖励。不久之后，郑先生又将销售业绩摆在了经理桌上，又说起了扩大营销的策略。

这位经理事后说道：“如果当时我们再去审核、考证，那不但贻误战机，而且肯定对员工产生心理上的负担，要知道，牵扯这么大数目的费用，他再有胆量，也还是要犹豫的。看看，现在不是干成了吗？相信他们，给他们留出充分的发挥空间，对我与公司都没坏处。”

由此可见，信任基础上的授权可以激发最强烈的动机，使人全力以赴。

当然，有些管理者之所以不信任员工，除了怕他们的能力不够之外，还怕他们在操作过程中出现失误，造成损失。但是如果没有失误又哪里会进步呢？再说，人非圣贤，孰能无过，既然你决定授权给他，就要充分信任他，允许他犯错误。

一手缔造了宏基集团的施振荣，2004年退休了，不过作为第一代创业者，他的接班人并不是两位聪明能干的儿子，而是跟随自己多年的老部下王振堂，宏基总经理还是一个意大利人。

施振荣的管理心得很重要的一点就是信任员工、充分授权。他常说："企业要想做到代代相传，必定要建立在授权的基础上。再强势的领导人，总有照顾不到的角落，也会有离开的一天。但是在一个授权的企业，各主管已经充分了解公司文化，能够随时随地诠释企业文化，这样的企业才有生命力。"

对于公司员工，他的原则是给予信任、充分授权，即使他们工作做得慢、与自己方式不同，也绝不插手。他说："要忍受过错，把它看作成长必须要付出的代价。只要他犯的是无心之过，只要最终他赚的钱多于学费，你就没有理由吝于为他缴学费，你一插手，他失去机会和舞台，怎么成长呢？"在这一氛围中，宏基涌现了不少独当一面的人才，形成了强大的接班人队伍。

只有充分信任员工，才能进行有效授权。正如著名管理专家柯维曾精辟地说：授权并信任才是有效的授权之道。在实际工作中，一方面，员工希望获得上司的信任，被授予更多权力；另一方面，获得授权的员工，在被完全信任的情况下，才能拥有自主决策的权力，并能有效行使被授予的职权。反之，缺乏信任的授权，导致员工失去积极性，缺乏主动性的必然结果。当然，值得信任是信任的前提。找到那些值得你信任的员工，然后放手让他们干吧。

合理监控与大胆授权并重

授权就像放风筝，既要放，又要有线牵。光牵不放，飞不起来；光放不牵，风筝或飞不起来，或飞上天失控，并最终会栽到地上。只有倚风顺势边放边牵，放牵得当，才能放得高、放得持久。风筝线的韧性足够好，才可能随时将风筝收回，否则，不是放出去了收不回来，就是收回来后又不敢再放出去，则放风筝的乐趣全无。所以，管理者在下放权力的过程中一定要有一条可靠的“风筝线”，这条“线”就是足够的控制力，不要超出了自己力所能及的控制范围，要使授权与合理监控结合起来。

如何做到既充分授权又不失控制呢？下面几点颇为重要：

1．牢牢把握不可下放的权力

有些权力是管理者必须牢牢把握的，切不可下放，否则，只会让自己处于不利地位。比如：

——人事任免权。特别是对直接下属和关键岗位的人事任免权，管理者必须保留。而且人事方面的决定（评估、晋升或者开除）通常来说，是很敏感的，而且往往难以做决定。

——关系协调权。管理者必须保留对直接下属之间相互关系的协调权。协调下属之间的关系是非常重要的，也是其他下属所不能替代的。

——机密的事务。分析你公司里工作的分类和薪级范围看上去很花时间，这似乎是首先可授权的工作。但由于牵涉到很多的利益，所以应该是管理者自己去做，不适合授权。

——培养直接下属。作为一名管理者，培养你的直接下属不仅有利于工作的展开，而且也是你的职责。你的下属应该在他们的成长和发展过程中得到你的帮助，他们依赖你的经验、你的判断来辨别对他们成长有帮助的工作。这不是你该授权的工作，虽然你可以从他人那里得到一些帮助，但这是你的职责。

——危机问题。危机总会不可避免地发生，假如发生危机，管理者应亲自坐镇，制定应对方案，很多事都应该亲力亲为，这不是你该授权的时刻。当处于危机的时候，要保证自己在现场起一个领头的作用。这样，有利于稳定人心，避免事态进一步恶化，为解决问题赢得宝贵的时间。

2．评价授权风险

每次授权前，管理者都应评价它的风险。如果可能产生的弊害大大超过可能带来的收益，那就不予授权。如果可能产生的问题是由于管理者本身原因所致，则应主动校正自己的行为。当然，管理者不应一味追求平稳保险，一般来说，任何一项授权的潜在收益都和潜在风险并存，且成正比例，风险越大，收益也越大。

3．命令追踪

有些管理者在授权之后，常常忘记自己发出的指令，而对于已发出的命令进行追踪是确保命令顺利执行的最有效方法之一。

命令追踪的方式有两种：

第一种，管理者在发布授权指令后的一定时期，亲自观察命令执行的状况；第二种，管理者在发布授权指令的同时与下属商定，命令下达后，下属应当定期呈报命令执行状况的说明。

在进行命令追踪时，管理者必须明确追踪的目的在于：

——控制命令是否按原定的计划执行；

——考虑有无足以妨碍命令贯彻的意外情况出现；

——考核下属执行命令的效率；

——反思、检讨本人下达命令的技巧，以便下次改进命令下达的方式。

基于这样的目的，高明的管理者在命令追踪中，会把目光集中于：

——下属所履行任务的质与量；

——工作进度和工作态度；

——下属是否有发挥创造性的余地；

——命令是否合适，有无必要对命令本身做出修正，或下达新命令取而代之；

——下属是否确切地了解命令的涵义，并按命令的精神完成任务。

4．监督进度

授权使管理者的控制发生了微妙的变化，因为授权，管理者对工作及局面的控制实际上是退后了，这反而使控制在授权中的地位得以凸显；而且必须使自己的控制技巧更加高明，才不至于使工作陷入失控状态；同时，因为授权，管理者得以从具体烦琐的事务性工作中腾出时间来，其中的一部分将被用来命令追踪和监督委派出去的工作，这几乎成为管理者对这些工作负责的惟一有效的形式。

一个优秀的管理者会根据授权，对自己的控制技术做细致的挑选和改造，以适应授权这种特殊的管理形式。照搬一般性的而非授权中的控制技术，往往适得其反。

授权中的控制技术包含：

——监督工作进展，尽量避免干涉下属的具体工作；

——以适当的方式提出意见或提醒；

——确认绩效，兑现奖惩，对于出色的工作要给予充分的鼓励，对于不足的工作提出意见，精神推动结合物质奖惩，效果会更好。

5．尽量减少反向授权

下属将自己应该完成的工作交给管理者去做，叫做反向授权，或者叫倒授权。发生反向授权的原因一般是：下属不愿冒风险，怕挨批评，缺乏信心，或者由于管理者本身“来者不拒”。除去特殊情况，管理者不能允许反向授权。解决反向授权的最好办法是在同下属谈工作时，让其把困难想得多一些，细一些，必要时，管理者可以帮助下属提出解决问题的方案。

6．审查并改进授权的技巧

尽管有些企业的管理者们也实行了授权，但是，由于他们没有正确掌握授权方法，没有按照授权的基本程序去授权（或是未能选准授权对象；或是授意不明；或是忽视必要的追踪检查等)，因此，效果并不见佳。可见，实行有效的授权，掌握正确的方法也是十分必要的。没掌握正确的方法，而要想取得好的效果，是绝对不可能的。因此，管理者需要不断学习授权技巧，并在授权的过程中注意审查和改进自己的授权技巧，不断提高自己的授权能力。

权力是一把“双刃剑”，用得好，则披荆斩棘无往不利；用得不好，则伤人害己还误事。成功的管理者不仅应是授权高手，更应是控权的高手。无数事实证明，管理者超脱一切，任何事都不闻不问就能轻松自如地驾驭员工、把工作做好是不可能的。正确的做法是：在保证合理监控和牵制的前提下，将不必由自己掌握的权力交给下属，这样才算真正领悟了授权的实质。

手中的权力不能滥用

大权独揽，独裁专制的管理方式已经被视为管理者的过去式，各级管理者都应对自己的实际权力进行约束和控制，防止自己滥用权力。否则，只会损害自己的形象，扰乱管理秩序。

管理者滥用权力，是对下属不信任、不放心的表现。这种不放心主要是对下属的工作态度、工作方法、办事能力的怀疑，认为下属不能按时保质地完成任务，还不如自己亲自去做，省得出现问题。这样的心理促使管理者指挥越权，做出不该做的行为，加重了自己的负担不说，也会使下属心存不满，认为是剥夺了他们发挥才能的机会。

对于管理者而言，首先要做到用人不疑，疑人不用。对没有了解清楚的下属，对政治上不可靠，品行不端正，能力上不胜任的下属，不能草率使用，一旦使用，只要没有发生原则性的变化，就要充分信任，放手让其工作，鼓励他们大胆去干。

如果通过实践发现：下属工作主动性、积极性较差，能力较弱，管理者就要加强督查，加大管理的力度，帮助他们认识和改正错误，促使下属去努力工作，在实践中锻炼提高，宁肯监督、指导他们奋力苦干，也不能只图干脆，自己去做。

另外，有些管理者自恃高明，把自己看得比下属高出许多，总觉得自己行，下属不行，只盯着下属的短处，自己的长处，必然会出现滥用权力的现象。

有些管理者一般比较在意下属的越权，却忽视自己的越权，这是需要认识与控制的。

有这样一种说法：管理权越大，地位越高的人，越是不会随意发号施令。

情况就是这样，因为掌握大权的管理者们知道自己命令的重要性，而那些职权并不是很大的管理者，为了过足管理他人的瘾，产生一种管理怪癖，到处乱发命令，指挥别人做这做那，走到哪，哪里就会听到他扯着嗓门高声下命令，要求别人遵照执行，在他所管理的小范围内出尽了风头。

安德格力夫就是属于前者。他是位将军，在第二次世界大战中曾担任英国地面作战部队的司令官。他在“加达克拉尔”战役中大获全胜，达到了他事业的巅峰，充分显示了他杰出的管理才能。这个战役是在地中海东部的塞浦路斯进行的，战役还没有开始之前，安德格力夫在军中没有随便下达什么命令，他只是用鼓励的口吻对士兵们说：“胜利只是属于那些勇敢和坚强的人们，上帝不会保佑懦弱者。”

安德格力夫曾在他的回忆录中写道：“那时的我，从形象上来看并没有士兵们想象中的那种大将风度。士兵们看我具有一种儒雅的风范，似乎更适合当一名高级教师。我对士兵们总是很和蔼，不像别人想象中的那种独裁军官，形象酷、脾气暴躁。这些使得许多人都惊奇我当时的地位，居然会是一位历经沧桑的优秀将军。也使得很多的人不相信我的能力——竟然会在‘加达克拉尔’那场颇具规模的战役中大获全胜。”

与安德格力夫的做法相反，许多管理者，即使他的职权并非很大，但是他们却非常热衷于下命令，以至于几乎形成了一种习惯，不下命令就觉得不舒服，觉得没有什么事情比下命令更能使他们感到欣慰的了。殊不知，自己的威望就是在这种错误的做法中日益减退，最后消失的。

由此可见，管理者习惯于随意滥下命令，将会造成许多不好的后果，只会使用命令来管理别人的人，绝不会成为一名杰出的管理者。这种随便滥用命令的管理者将会失去下属的民心，得不到下属的支持和拥护，注定会失败。

如果你确实已经养成了随意施令的不良习惯，那么就应该设法逐步改正，这就需要冷静的头脑，遇到事情不要紧张，慎重考虑，仔细权衡利弊，然后做出正确的决策。如果时间紧迫，容不得多加考虑，需要及时做出命令或决定时，你只需要考虑最根本的利益，抓住它就行，在集体利益与个人利益发生冲突的情况下，应该顾全大局，舍个人利益而求集体利益，这时可以采取强制的命令措施，以保证事情的顺利进展。在这种情形下，命令影响策略仍然是很有效的，是解决问题的最佳方式。

第七章

规避风险，危机处理及时有效

团队生存在风险中，一着不慎，就有可能全军覆没。当然，有些风险是可以预知的，只要做好应有的准备，是可以规避的。可有些风险永远无法预料，你根本不知道下一个栽跟头的地方在哪里。针对这些“不可抗力因素”，为使自己的团队最大限度地避免灭顶之灾，做好危机管理，防患于未然，是一个管理者的必修课。

时刻警惕身边的危机

有这样一个实验：将一只青蛙放进沸水中，它会立刻跳出来；如果将这只青蛙放入温水，再慢慢加热，它就会安稳地呆在水中，直到被煮熟。因为青蛙内部感应生存威胁的器官只能感应出环境中激烈的变化，而感应不到缓慢、渐进的变化，所以，当温度慢慢上升时，青蛙的身体将越来越虚弱，最后无法动弹。

"温水煮蛙"现象值得管理者深思。当造成危机的许多因素早已潜伏在团队日常的经营管理中的时候，由于管理者麻痹大意，缺乏危机意识，没有足够的重视，没有对危机进行有效的防范，有时候看起来很小的事，经过"连锁反应"、"滚雪球效应"、"恶性循环"最终会演变成摧毁团队的危机。有时在团队取得了一定成绩或达到了一定的发展阶段的时候，管理者常常会沾沾自喜，对危机容易丧失警惕，造成巨大的损失。

因此，管理者应树立危机意识。在经营形势不佳的时候，要看到危机的存在；在团队发展如日中天的时候，也要居安思危，未雨绸缪，因为危机往往在不经意的时候到来。

要避免"温水煮蛙"现象的发生，首先要求团队最高管理层具备危机意识，这样，才能使团队从战略上不致迷失方向，避免在不经意之间滑入危机的泥潭之中。

掌握危机管理技能，还要使员工具备较强的心理承受能力和应变能力，对于新员工而言，危机教育更为重要。

危机事件的发生多半与团队自身行为不当有关，如违反法令、管理失当、产品或服务出现缺陷等。危机防范教育首先要求企业加强安全教育，强化内部管理，减少人为失误。

许多危机发生前都有不同程度的征兆，管理者应教育员工学会识别和捕捉这些征兆。比如在经营环境方面，政府有关的管制政策发生变化，业内出现新的强有力的竞争对手，自然灾害导致供应链管理脱节；在社会舆论方面，受到政府、媒体、行业协会等机构的特别“关注”，损害管理层形象的舆论越来越多；在市场销售方面，顾客抱怨越来越多，市场销售量渐趋饱和，价格呈现下降的趋势；在生产运作方面，生产计划得不到有效执行，设备老化，生产线经常处于闲置状态，“三废”排放严重，废品率居高不下；在内部管理上，对环境变化的反应迟缓，管理层相互猜忌，职能部门之间相互扯皮，员工情绪低落；在财务状况方面，各项财务指标不断恶化，盈利能力下降，亏损增加，负债严重等。这就要求员工们掌握与自己岗位有关的危机管理专业知识，明确在危机发生时应采取的具体措施。

日本的企业管理顾问腾井定美认为，所谓危机管理就是针对那些事先无法预想何时发生，然而一旦发生却对企业经营造成极端危险的各种事件的事前事后的管理。美国著名咨询顾问史蒂文·芬克认为，危机管理就是最大限度地减少危机的潜在伤害，帮助控制危机局面，尽最大可能地保护企业声誉。

2004年7月8日，美国环境保护署表示，由于杜邦公司20年来均未通报制造特氟隆的一种关键原料（全氟辛酸铵）可能会给人类健康带来潜在危害，拟对其处以数亿美元的重罚。随后，全球消费者“谈不粘锅而色变”。7 月 13 日，中国国家质检总局正式就特氟隆事件发表声明，表示将迅速组织专家展开相关研究论证。直至 10 月 13 日，国家质检总局宣布调查结果：通过对占市场份额 90%的 18 个品牌、28 个品种不粘锅产品的检测，市场上销售的主要使用特氟隆涂料的不粘锅产品中，均未检出全氟辛酸铵及其盐类残留，“百日疑案”终于水落石出。

美国环境保护署的一项指控让杜邦在中国遭遇滑铁卢，不过，危机管理经验丰富的杜邦公司并未因此而身败名裂。在备受质疑的 3 个多月里，杜邦在中国的相关人士在所有对外信息发布活动中均坚称“特氟隆”产品安全可靠。对核心立场的坚持让外界有关杜邦产品的质疑指责之声逐渐平息，同时企业贯穿危机始终的坚决态度亦令部分消费者感觉安心。

任何一家企业，无论成功与否，在发展的道路上都可能遇到危机。美国《财富》杂志 500 强企业中，89% 的管理者都同意：企业危机不可避免。但是，另外一项调查表明：50% 的企业没有处理危机的计划和准备。遇到危机就要处理，处理得好，企业不仅能够化险为夷，而且还能够跨上一个新高度；处理不好，企业就可能一蹶不振，甚至垮掉，这种现象在国内外企业界举不胜举。

所以，任何一个团队都要有隐患意识，才能在突发危机的时候将其消灭在萌芽中。管理者应在获悉危机发生后的 24 小时内启动危机管理机制，并做好准备工作，如各方言论的搜集、基本立场的确认、“官方”声明的拟定等，相关资源亦应协调到位。

危机一旦爆发，管理者便应在最短的时间内针对事件的起因、可能趋向及影响（显性和隐性）做出评估，并参照企业一贯秉承的价值观，明确自己的“核心立场”。而在危机事件管理的过程中，在各发展阶段，各工作部门均不可偏离初期确定的这一立场。换句话说，对“核心立场”的坚持应贯穿危机事件处理的始终。

防止危机中的“多米诺效应”

“多米诺效应”源于一项普及全球的体育运动，这项运动是由一位意大利传教士多米诺从中国传到欧洲的，它就是全世界人们都喜欢的多米诺骨牌游戏。这种游戏的规则是按点数的大小以相接的方式把骨牌连接起来，其难点在于骨牌一倒则俱倒，一不小心就会前功尽弃。后来，“多米诺”成为一种全球各界通用的术语，无论各行各业，只要出现一倒俱倒的连锁反应，人们就会想到“多米诺效应”或“多米诺现象”。

管理中的各个环节都是相通的，任何一个环节出了错都有可能波及其他环节，这种扩散只会使经营毁于一旦，这就是管理中的“多米诺现象”。

美国安然公司在《财富》500强中名列第七，拥有近500亿美元资产。所以当安然公司在2001年12月3日申请破产保护时，它无疑成为美国有史以来最大的破产案。刚开始，人们根本预见不到这个大家伙的猝死会造成什么后果，媒体仅是津津乐道于安然的难逃一死。然而，在安然公司发现财务漏洞后却引发了美国商业史上最大的一次“多米诺效应”。

2001 年 12 月 12 日，宝丽来公司申请破产保护；2002 年 1 月 22 日，凯马特公司申请破产保护；2002 年 1 月 28 日，环球电讯公司申请破产保护。而在德国，同样弥漫着不乐观的气氛，因为在 2002 年 4 月 8 日、2002 年 5 月 8 日、2002 年 6 月 12 日，德国最大私营传媒公司基尔希集团的四大支柱先后破产。

然而，事情远未结束，安然的财务问题牵出了其独立审计机构安达信。随后，经过了 2002 年上半年的风风雨雨，由于妨碍了司法公正，安达信终于在 2002 年 6 月 15 日被休斯敦联邦法院判为“死刑”。

2001 年 6 月 25 日，世界通信——安达信的另一个客户，爆出了 38 亿美元的财务漏洞。3 天之后，施乐在其重新公布的近年收入报告中，承认虚报了 14 亿美元的利润。

综观这些不可一世的商界巨头，它们倒下不外乎三种原因：过度扩张、策略失误以及最恶劣的财务欺诈。

环球电讯于 1997 年由加里·温尼克成立于免税天堂百慕大，是世界上第一家自行筹资铺设海底光缆的私营公司。从运作理念上看，环球电讯更像是一家互联网公司。

环球电讯将赌注押在令人激动的互联网上，然后举债大笔投入。随着互联网的兴盛和衰落，也就有了环球电讯这颗电信新星的升起和坠落。1997 年成立，2002 年破产的环球电讯几乎是和互联网公司同生共死。

如果撇开环球电讯涉嫌的财务欺诈，至少我们可以说，温尼克是一个极端理想化的商人，他提出的企业目标是“一个星球、一个网络、一百万种可能性”，而且他的确成功地连接起了大西洋和太平洋两岸的27个国家和地区。温尼克的宏伟计划并不可笑，只是他对通信容量的预期出现了重大失误。

换言之，他以为市场上会对某种产品出现大量需求，于是他造出了大量的产品，但是却只有一两个卖了出去，其余的全砸在了手里。其后果就是，海底光缆使用率低下，使得巨额投入无法收回，高达124亿美元的债务无法偿付。

与环球电讯高估了市场需求相比，德国人莱奥·基尔希对回报的预期显然是有根据的。基尔希集团以16.7亿美元的天价买断了世界杯转播权，而通常，世界杯转播权都以3亿美元卖出。基尔希认为这种垄断性资源根本不愁买主，任何一个国家，包括足球事业尚处蛮荒的美国，都会心甘情愿地掏高价成为自己倒手的下家。

但问题在于，基尔希显然过高地估计了下家的接受能力。因为，对每一个市场而言，基尔希实际上只有一个谈判对象。也就是说，一旦某个谈判破裂，基尔希就会损失掉这一部分市场，而不会有别的竞争者补上。

不过，在收费电视市场的投入上，基尔希犯了和环球电讯一样的错误：高估预期。基尔希以为收费电视在德国会得到长足发展。然而，事实恰恰相反，其24075家订户远远无法让公司爬上收支平衡线。收费电视公司每运作一天就会损失13075美元，经过一段时间的运转，超过100亿美元的巨额债务最终让基尔希集团分崩离析。

危机的“多米诺效应”从来不会受到人们的欢迎，然而这位不速之客却总是不期而至，使企业陷入困境。如何有效地将其拒之门外呢？具备敏感的防范意识是一个重要条件。

1975年的一天，美国一家报纸登了一则小消息：在墨西哥发现了一种疑似瘟疫的病例。这条消息没有引起世人的注意，但亚默尔公司老板见了这条消息后认为机会来临：墨西哥真的发生瘟疫，一定会从加利福尼亚或得克萨斯州边境传到美国，而这两个州是美国肉食供应的主要基地。到时肉食供应一紧张，肉价就飞涨，这正是自己大做肉食生意的良机。于是，该公司老板集中了公司所有资金，派人去加利福尼亚州、得克萨斯州采购了大量牛肉和生猪，并迅速运到美国东部，储藏起来，公司掌握了大量的冻类肉品。正如亚默尔公司老板预料的那样，墨西哥的瘟疫很快便蔓延到美国西部边境，为了防止瘟疫扩散，美国政府下令禁止从这几个州外运食品。于是，美国国内肉类奇缺，价格上涨。亚默尔公司不但没有受到损失，反而由于事先加工储备了大量肉品，短短几个月内就净赚了900多万美元。

树立敏感的防范意识，可以有效防止危机的发生，这是从根源上控制危机扩大的办法。

预防危机必须建立高度灵敏、准确的信息监测系统，随时搜集各方面的信息，及时加以分析和处理，把隐患消灭在萌芽状态。任何团队都不可能永远不遇到危机。在对全球500强企业的调查中，发现企业被危机困扰时间平均为8周半，一些来自企业外部、内部的大大小小的突发事件，诸如某企业高层突然离职、诉讼或媒体的一篇负面报导等都会给企业带来危机，面对一次不大的危机，有的企业像多米诺骨牌一样垮掉了，有些企业反而更加壮大了。因此，管理者不仅要具备危机意识和一套科学的危机管理机制，同时也要重视与媒体搞好关系，重视媒体的巨大作用，否则当危机来临时就很难取得公众的信任和支持。

快速处理集团的公关危机

社会是一个复杂的综合体，团队所面临的环境不可能总是称心如意，团队与外界的关系也绝不是温文尔雅的软接触。在许多情况下，不管团队如何充满善意，如何协调各方关系，但客观环境和主观愿望间总存在矛盾，有时甚至出现不可逾越的障碍，导致一些突发事件的出现。这些事件不仅影响团队生产经营活动，而且会给团队造成形象危机，有时甚至威胁到企业的生存和发展。这时，就需要用适当的公关活动去调解危机。

在危机处理上，速度是关键。危机不等人，而主动出击是最好的防御。团队在遭遇危机时主动迅速出击，果断承担责任，这样往往能够得到公众的谅解，尽可能维护团队的形象。

危机处理的成败与否，以下因素至关重要：

1. 要建立快捷、高效的危机管理组织

在危机发生时，以最快的速度建立“战时”办公室，或危机控制中心，调配经受过训练的高级人员，配备必要的危机处理设备和工具，以便迅速调查分析危机产生的原因及其影响程度，全面落实危机控制和管理计划。这一点十分重要，它是保证统一指挥、果断决策和迅速采取行动的前提，直接关系到危机管理的成败。解决危机，要求人们迅速决策，快速行动，为此，从总体上看，团队机构必须精简，统一协调，规章齐全，职责明确。从参与人员上看，根据危机的程度和类型不同，参与者也有所区别，对于关系企业整体的重大危机，要包括企业的最高领导人，以保证危机决策和落实的权威性；包括企业主要管理部门的负责人，原因在于企业的各个组成部分是一个有机整体，牵一发而动全身；此外还要包括相关外部专家，以提供专业咨询意见。

2. 要对危机进行确认和评估

这是一项富有挑战性的工作。管理人员最好全面听听公司中各种人的看法，并与自己的看法相互印证，错误地估计形势将会给危机处理带来灾难性的后果。企业的最高领导人面对危机，应考虑到最坏的可能，必须对危机所造成或者可能造成的危害以及影响有一个整体的把握，如是否会导致破产，是否危及企业的生存，影响是短期还是长期等等，以此为基础快速形成危机处理的主攻方向和重点。在危机状态下，管理者必须果断。在对情报分析的基础上，迅速做出决策，以高压强制政策保证决策的落实，将事态迅速控制住，否则就可能势如决堤，一溃千里。

3. 要迅速隔离危机

危机爆发往往是先在企业的某一方面或者某一部门出现，然后会扩大到整个企业系统。此外，危机发生还具有涟漪效应，一种危机处理不当，往往会引发另一种危机。因此，当某一危机产生之后，企业应迅速采取措施，切断这一危机对企业其他经营方面的联系，及时将爆发的危机予以隔离，以防扩散，造成更大的损失。

4. 要合法转嫁和分散危机

在企业内部，可以根据危机发展的趋势，独立承担某种危机损失，如关闭亏损工厂部门，停止生产滞销产品，主动撤出某一投资领域等，或者由合作者、股东来共同分担企业危机。

在企业外部，可以采取的分担措施包括：其一，通过资本运营，将危机承受主体由企业单一承受变为由多个主体共同承受，如采用合资经营、合作经营、发行股票、资产重组等办法；其二，如果是下游企业，可以通过提高价格等合法方式转嫁风险；其三，如果投保，及时向保险公司索赔，尽快取得流动资金。

最后要维护企业形象，做好危机公关。

一般情况下，企业危机的发生会使公众产生种种猜测和怀疑，有时新闻媒介也会有夸大事实的报道。因此，危机企业要想取得公众和新闻媒体的信任，必须采取真诚、坦率的态度。越是隐瞒真相，越会引起更大的怀疑。

在与新闻媒体沟通时，企业要掌握舆论的主导权，尽量以团队发布的消息为惟一的权威性来源。在危机发生而事故真相尚未查明前，可向媒体提供背景材料，介绍发生危机的初步情况、企业采取的措施，以及与事件相关的资料来占领舆论阵地。企业需要慎选对外发言人，发言人应当具备足够的权威，对企业的各个方面和危机事件十分清楚，同时应当头脑清晰、思维敏捷。企业在处理危机时，应当以社会公众利益为重。企业可以邀请公正权威性的机构来帮助解决危机，以协助保护企业在社会公众中的信任度。由社团、权威性机构出面讲话，一般给人以公正的感觉，容易得到公众的信任和舆论的同情。

处理危机：两害相权取其轻

当危机不可避免时，当事的管理者就应权衡利弊，并且当机立断，从中选择一个较轻的后果，从而避免不必要的巨大损失，重塑形象。

20 世纪 60 年代的一个星期六，一则电视新闻使这一天成为美国柯达公司命中注定的一个恶梦的开端。

当时，柯达的董事长和总经理正在悠然的心情中边看电视边吃晚餐。他们永远也忘不了那一刻。播音员宣读了柯达公司和一个黑人团体签订的协议书的内容，但他们谁都没有授权签订这样的协议，况且里边的条款不但要花费大量的金钱，而且其中的一些反对种族歧视的保证条款更足以引起其他员工的愤怒。

董事长威廉打电话问总经理路易到底是怎么回事，而路易此时也是丈二和尚摸不着头脑。

这到底是怎么回事呢？

原来，柯达所在的社区有个激进的黑人团体，他们不满于柯达公司在对待少数民族，特别是黑人的雇佣和升职上的不平等。柯达派出了一个叫杰克的副总裁助理去定期和这个黑人团体沟通。

关于此事，当地媒介只是提了一下，全国性的新闻媒介对此事件不屑一顾。

但事情就坏在这个前去沟通的杰克身上。几个星期过去了，什么都没有发生，甚至连地方新闻也都不再报道了。正在此时，他未经批准就擅自同意发布了上述的新闻稿。

这个突兀而至的协议，打了柯达一个措手不及，他们原来执行的谨慎的少数民族政策一下子就都打破了。

公司不可能签署这样的协议，柯达的公关经理硬着头皮奉命写了一篇新闻稿，否认周六电视新闻所报道的事，指出协议书是无效的。

这一下可热闹了。

新闻界猛扑过来，大量的报道见于全国性大报，故事千篇一律在说柯达同意优待少数民族，可他们又反悔了。至于协议是由无权签署的职员私自做出的错误举动这点，新闻界则根本连提都不提。

倒霉的柯达因为一个职员的过失被赤裸裸地推上了全国看台，成为众矢之的。在种族歧视早已成丧家之犬的背景下，柯达不仅被骂作轻诺寡信，而且被认为十分敌视少数民族。

公关部接手此事之后首先做的一件事是处理来信。柯达无力回复这么多信是会造成敌视升级的原因之一，所以公关部把来信做了分类，分别给予措辞谨慎的回复。

同时他们准备了专题报道、资料短片、照片及少数民族职工升迁的统计资料提供给新闻界，其中着重介绍了柯达公司里一位身居要职的黑人员工。

几周后，效果初显。一些报刊，包括黑人刊物开始友好地对待柯达，许多人回信为自己的鲁莽而道歉。

然而，仍有棘手的问题没有解决。

作为一家有影响力的报纸，《纽约时报》对新闻界和公众都有极大的影响力。它的一个记者继续抓住此事不放，对柯达的所做所为一直持不友好态度，尽管有过交涉，但他仍旧我行我素，继续写着对柯达不利的稿。

柯达的领导层感到不知如何是好。

公关部在无计可施的情况下只好棋走险着。他们决定让《纽约时报》的总编、资深编辑们和柯达的总裁来一次面对面的会谈。他们也知道，这样做，会有一定的无奈和风险：如果领导层们不能溶化冰山，将会带来更大的危机；即便成功了，最少也会得罪那个记者。但两害相权取其轻，柯达只好尽力为之。

通过朋友的安排，柯达总裁威廉和《纽约时报》的编辑们举行了一次午餐聚会。会上，聪明而正直的威廉赢得了编辑们的喜欢，并且他的表达赢得了大家的信任。几位编辑仔细地阅读了柯达的有关材料，他们十分惊讶地发现，以前的报道竟然与实际情况有这么大的出入。

此后，《纽约时报》对柯达的报道发生了转变，其内容友好而诚实。在他们的报纸上，柯达被写成是一个完美公司的标本。很快地，其他报纸也转而正面报道柯达了。

柯达应对危机的做法类似于动物界中的一种求生本领，当被某种捕猎工具捕到后，它们会先努力设法挣脱，当这样努力无效时，它们便会弃掉被夹到的那部分肢体以求逃脱。因为它们知道，对它们来说更重要的是生命。人类也有“壮士断腕”的类似壮举。

所有这些，都强调着一个取舍和魄力的问题。当损失不可避免地发生时，管理者就应权衡利弊，当机立断舍弃小的利益。患得患失不仅无助于损失的挽回，反而只能使自己丢掉更大的利益。

遭遇危机，态度决定结果

对一个人来讲，“态度决定命运”，对于一个正在面临危机的企业来讲，对待危机的态度也从根本上决定着事件的结果。

有着百年辉煌历史的爱立信与诺基亚、摩托罗拉并世称雄于世界移动通讯业。但因为多方原因，爱立信却最终为索尼公司所收购。其失误可从其在中国市场上的销售策略窥得一斑。

2001 年，在中国手机市场上，大家去买手机时，都听到说爱立信如何如何不好。当时，它一款叫做“T28”的手机存在质量问题。这本来就是一种错误，但更为错误的是爱立信漠视这一错误。“我的爱立信手机的送话器坏了，送到爱立信的维修部门，很长时间都没有解决问题。最后，他们告诉我是主板坏了，要花 700 块钱换主板。而我在个体维修部那里，只花 25 元就解决了问题。”一位消费者确切地说出了爱立信存在的问题。

那时，几乎所有媒体都注意到了“T28”的问题，似乎只有爱立信没有注意到。爱立信一再地辩解自己的手机没有问题，而是一些别有用心的人在背后捣鬼。然而，市场不会去探究事情的真相，也不给爱立信以“伸冤”的机会，无情地疏远了它。

其实，信奉“亡羊补牢”观念的中国消费者已经给了爱立信一次机会，只不过，爱立信没能好好把握这次机会。

1998年，《广州青年报》从8月21日起连续3次报道了爱立信手机在中国市场上的质量和服务问题，引发了消费者以及知名人士对爱立信的大规模批评，而且，爱立信的768、788C以及当时大做广告的SH888，居然没有取得入网证就开始在中国大量销售。当时，轻易不表态的电信管理部门的声明，证实了此事。至此，爱立信手机存在的问题浮出了水面。但爱立信一如既往地采取掩耳盗铃的方式来解决问题。据当时参加报道的一位记者透露，爱立信试图拿出几万元广告费来封媒体的嘴；爱立信广州办事处主任还心虚嘴硬地狡辩“我们的手机没有问题”。既然选择拒不认错，爱立信自然不会去解决问题，更不会切实去做服务工作。质量和服务中的缺陷，使爱立信输掉了它从未想放弃的中国市场。

同样是出现了问题，强生公司的处理方式则截然不同。

1982年9月，美国强生公司突然得到消息：芝加哥市发生了氰化物中毒死亡事件，而且与公司生产的泰诺胶囊有关。几乎所有的人都震惊了，这可是人命关天的大事。而且泰诺是公司盈利最大的主导产品，怎样尽可能减少这一事件对公司的负面影响是摆在强生公司面前的大事。

强生公司很快从震惊中恢复过来，并迅速采取了行动。公司领导班子亲自制定应急计划：一是迅速调查事故原因，向公众做出交待；二是估计损失，采取措施恢复公司声誉和产品信誉；三是重新把泰诺推入市场。

很快，事件的原因就调查清楚了，毒药不是在生产过程中有意或无意中混进的，而是芝加哥市的一名顾客在购买了泰诺胶囊后调了包，然后又把受到污染的药品退给了药店。

尽管调查表明强生公司也是受害者，但强生公司仍然积极地承担起自己的责任。他们利用各种渠道迅速通知消费者不要服用泰诺胶囊，并且停止了所有商业广告，开始回收所有市场上价值1亿美元的泰诺胶囊，此外还向医院大夫、销售商发出50万封信件，通过新闻媒介做各种解释，以期能够稳定公众情绪。

尽管强生公司采取了许多积极的措施，中毒事件还是影响了公众对强生公司的产品信誉。事后一个月，强生公司做了一个市场调查，94%的顾客知道泰诺与毒药事件有关，6%的人表示以后不会再买泰诺胶囊。泰诺药片也受到了牵连，50%的人表示也不会再买泰诺药片了。惟一的好消息是90%的老顾客表示对泰诺是有信心的。为了保住泰诺，强生公司果断地采取了三项措施：一是在广告中向公众强调，为了得到顾客的信任，公司愿意不惜一切代价；二是承诺人们可以拿泰诺胶囊免费兑换泰诺药片；三是设计了一种防止造假的包装，以避免悲剧再次发生。事实证明，这些措施是有效的，到1983年5月，泰诺已基本夺回了1982年9月份失去的市场。

通过上面的两个案例我们可以看到，同样是因产品问题而引发了市场地震，但两家公司采取的方式各不相同，也就出现了不一样的结局。

对于爱立信的败北，明眼人一看便知。爱立信在出现问题时不思补救，反而掩耳盗铃地说自己的产品没有问题，这种欲盖弥彰式的做法欺骗不了任何人。他们忘了一句话：“纸是包不住火的。”正是这种自欺欺人的做法使爱立信最终输掉了中国市场。

与爱立信相比，强生公司则积极采取行动，直面媒体进行补救，将损失降到了最低，并最终夺回了失去的市场，他们也因此而赢得了顾客更高的信任。所以，面对危机时，团队的管理者一定要谨记这一点：你的态度至关重要，你的一念之间就决定了企业的命运，绝对不可大意甚至当儿戏，团队因你而生，也会因你而亡。

增加凝聚力：风险来临众人担

一些高效能管理者通过多方调整，精心研究，总结出一条切实可行的有效方法，那就是增加凝聚力——风险来临众人担。

一个人的能力总是有限的，但是两个人加起来，力量就完全不同了，如果再增加几个，或者更多的话，力量可能就会超过一个人的几倍或者几十倍。就像你搬一块大石头一样，一个人搬不动，而人多了就变得很容易了。

这不仅是增加力量的问题，最关键的就是当风险来临的时候，不是只有你一个来承担，而是众人共同承担，这样你就不会在遇到风险时，因为自己没有能力承担而造成痛苦了。因此，聪明的管理者把增加凝聚力——风险来临众人担作为他们管理的一项重要措施来抓。

美国北部某地区冬季格外寒冷，大雪纷飞，电话线上积满了冰雪，大跨度的电话线常被积雪压断，严重影响了通讯畅通。过去许多人试图解决这一难题，但都未能如愿以偿。后来，一家公司经理承担这一难题，他召开了一次座谈会，参加会议的有专业的技术员和员工代表。为了调动与会者参与的积极性，增加凝聚力，经理要求他们必须遵循以下三项原则：

1. 自由思考，即要求与会者尽可能地解放思想，不受拘束地思考问题并畅所欲言，不顾虑自己的想法或说法是否符合常规和逻辑。

2. 当场不做评判，即要求与会者在会上不要对他人的设想评头论足，不要说，“这个主意好极了”或“这种想法太离谱了”，“我认为他的他想法虽好，但不实用”之类评判别人发言的话，至于采纳不采纳，留给今后来考虑。

3. 以量求质，即鼓励与会者尽可能多地提出设想，以求大量的设想来保证有价值的设想出来。

按理说，这种会议不必召开，由经理自己做主就完全可以。可为什么召集这么多人来商量，他们的建议能管用吗？如果你这样想就完全错了。一个人的力量总是有限的，他的想法毕竟是受某些方面的影响而处于片面状态，而且这种想法一旦错误，不就全盘皆输了吗？如果人人都提出一条或更多条建议，经理能从中找出有价值的建议，这样不就可以避免失误了吗？这种集思广益的做法又被称为“头脑风暴会议”。

按照会议规则，大家纷纷发表意见。有的建议设计一种电话线清雪机；有的想用电热器来融化冰雪；还有人提出能否带上几大把扫帚，乘坐直升飞机去扫电话线上的积雪……对这种坐飞机扫雪的设想，大家心里尽管觉得滑稽可笑，但在会上无人提出异议。

有一位工程师在百思不得其解时听到用飞机扫雪的设想后突发奇想，一种简单可行的高效率清雪方案在他脑海里产生了。

他想，每当大雪过后，出动直升飞机沿积雪的电话线飞行，依靠高速旋转的螺旋桨产生的风即可将电线上的积雪迅速吹落，于是立刻提出用直升飞机扫雪的新设想。设想一经提出，又引起了其他与会者的联想，有关用飞机除雪的意见一下子又多了七八条，不到一个小时，与会者共提出90多条新设想。

之后，公司组织专家对设想进行分类论证，专家们认为设计专用清雪机、采用电热器或振荡等方法清除电线上的积雪，在理论上虽然可行，但研制费用大，一时也难以奏效，那种用飞机扫雪激发出来的几种设想倒是一种大胆的新方案，如果效果可行，将是一种既经济又高效的好办法。

经过现场实验，发现用直升飞机扫雪的方法果然奏效，一个悬而未决的难题，终于巧妙地得到了解决。

通过这次座谈会一个令人难以解决的问题终于被巧妙地解决了。难道这是工程师一个人的成绩吗？不是的，是通过大家的建议激发了工程师的创意，才有了一种既经济又高效的新设想，从而有了一个有效的解决问题的新方案。

请你试想一下，如果不是大家的建议，电线上的积雪能够用这种直升飞机清除掉吗？如果不是上面的三条原则，大家会畅所欲言吗？所有这些都是能增加凝聚力的。只有大家在毫无畏惧之心，自尊心不被伤害的情况下才能够同你站在一起，为你分忧解难，共同承担风险。

在团队管理中，增加凝聚力是一个共同承担风险的有效办法，不论你干任何事情，都需要一种凝聚力。它不但可以提高工作效率，而且还能够为你分忧解难。只有把一些零散的“小数”整合起来，形成一种凝聚力，才能使你的管理有一个坚强的后盾。

但是要想增加你的凝聚力，必须要让员工信任你，给予员工自由和宽容。要让他们能够真正认识到你是一个信得过的人，这样你就会得到大家的支持和同情，从而增加凝聚力，把风险降低到最低程度。或者说是当风险来临时，有更多的人来为你承担。

第八章

业绩考核，公正评价确保效益

在团队中我们常常见到这种现象：一个人能力很强，但却无绩效；而另一个能力虽平平但兢兢业业者，却干得很不错。同一种工作，采用不同的工作态度必然产生截然不同的结果。管理者必须运用科学考核手段，把那些缺乏干劲、缺乏工作热情的懒汉员工踢出你的团队，不让这些人拖团队效益的后腿。

业绩考核注重自己的角色定位

业绩考核是人力资源管理的核心，在人力资源管理中起着举足轻重的作用，这已经是业界的一个共识。但另一方面，业绩考核又是管理者比较不愿意做的工作，许多管理者对绩效采取回避甚至是厌烦的态度。

这种现状使得很多管理者始终处于一个较低的层面，业绩管理的作用没有完全发挥出来，给人以“鸡肋”的感觉，食之无味，弃之可惜。

而造成这种局面的一个很大的原因就是业绩考核实施的主体：直线管理者，没有很好地认识自己在业绩管理中所扮演的角色，没有能够处理好管理与业绩考核的关系，导致执行不力，使得绩效管理的体系、政策、方案、流程不能有效地落实。

在业绩考核中，直线管理者是实施的主体，起着桥梁的作用，上对公司的绩效管理体系负责，下对下属员工的绩效提高负责。如果直线管理者不能转变观念，不能很好地理解和执行，再好的绩效体系、绩效政策都只能是水中花、镜中月，只能与“鸡肋”无异。所以，在进行业绩考核之前，首先要团结直线管理者这个主体，统一他们的思想，使之真正发挥绩效管理者的角色，承担起应该的责任，做自己应该做的工作，让直线管理者行动起来。只有直线管理者真正按分工真正动起来了，绩效管理才能按预想的方向前进，才能真正落实，得到有效实施。

那么，业绩考核中，直线管理者应该扮演哪几个角色，做好哪些工作？

主要有以下四个角色：

1．合作伙伴

管理者与员工的绩效合作伙伴的关系是绩效管理的一个创新，也是一个亮点，它将管理者与员工的关系统一到绩效上来。

在业绩的问题上，管理者与员工的目标是一致的，管理者的工作要通过员工完成，管理者的绩效则通过员工的业绩来体现。所以，员工绩效的提高即是管理者绩效的提高，员工的进步即是管理者的进步。

鉴于这个前提，管理者就有责任、有义务与员工就工作任务、绩效目标等前瞻性的问题进行提前沟通，在双方充分理解和认同公司远景规划与战略目标的基础上，对公司的年度经营目标进行分解，结合员工的职务说明书与特点，共同制定员工的年度绩效目标。

通常，管理者与员工应就如下问题达成一致：

员工应该做什么工作？

工作应该做得多好？

为什么要做这些工作？

什么时候应该完成这些工作？

为完成这些工作，要得到哪些支持，需要提高哪些知识、技能，需要得到什么样的培训？

自己能为员工提供什么样的支持与帮助，需要为员工扫清哪些障碍？

通过这些问题，管理者与员工达成一致目标，更加便于员工有的放矢地工作，也更加便于自己的管理，为后续的绩效管理开一个好头。可能开始会有一点麻烦，万事开头难，但好的开始是成功的一半，绩效目标就是一个良好的开端。

2．辅导员

绩效目标制定以后，管理者要做的工作就是如何帮助员工实现目标。

在员工实现目标的过程中，管理者应做好辅导员，与员工保持及时、真诚的沟通，持续不断地辅导员工业绩的提升。业绩辅导的过程就是管理者管理的过程，在这个过程中，沟通是至关重要的一个环节。

绩效目标往往要略高于员工的实际能力，使员工需要跳一跳才能够得着，所以在实现的过程中难免会出现困难，出现障碍和挫折。另外，由于市场环境的千变万化，企业的经营方针、经营策略也会出现不可预料的调整，随之变化的是员工绩效目标的调整。所有的这些都需要管理者与员工在一起，管理者想办法帮助员工改进业绩，提升水平。

这个时候，管理者就要发挥自己的作用和影响力，努力帮助员工排除障碍，提供帮助，与员工做好沟通，帮助员工获得完成工作所必需的知识、经验和技能，使绩效目标朝着积极的方向发展。

3．记录员

绩效管理的一个很重要的原则就是没有意外，即在年终考核时，管理者与员工不应该对一些问题的看法和判断出现意外。一切都应该是顺理成章的，管理者与员工对绩效考核结果的看法应该是一致的。

争吵是令管理者比较头疼的一个问题，也是许多管理者回避绩效、回避考核与反馈的一个重要原因。为什么会出现争吵？因为缺乏有说服力的真凭实据。试问，不做记录，有哪一个管理者可以清楚地说出一个员工一年总共缺勤多少次，都是在哪一天，什么原因造成的？恐怕没有，因为没有，员工才敢理直气壮地和你争论，和你据理力争。

为了避免这种情况的出现，为了使绩效管理变得更加自然和谐，管理者有必要花些时间，花点心思，认真当好记录员，记录下有关员工绩效表现的细节，形成绩效管理的文档，以作为年终考核的依据，确保绩效考核有理有据、公平公正，没有意外发生。

做好记录的最好的办法就是走出办公室，到能够观察到员工工作的地方进行观察记录。当然，观察要以不影响员工的工作为准则。记录的文档一定是切身观察所得，不能道听途说，道听途说只能引起更大的争论。

这样一年下来，管理者就可以掌握员工的全部资料，做到心中有数了，考核也就更加公平公正。

4．公证员

绩效管理的一个较为重要也是备受员工关注的环节就是绩效考核的公正性。

绩效考核是一段时间（通常是一年）绩效管理的一个总结，总结绩效管理中员工的表现：好的方面，需要改进的地方，管理者需要综合各个方面给员工的绩效表现做出评价。同时，绩效考核也是公司薪酬管理、培训发展的一个重要依据。所以，公平、公正显得至关重要。

绩效管理中的绩效考核不能暗箱操作。管理者不仅仅是考官，更应该是站在第三者的角度看待员工的考核，作为公证员，公证员工的考核。

管理者之所以可以作为公证员来进行考核，主要是因为前面三个角色铺垫的结果。在前面工作的基础上，员工的考核已不需要管理者费心，可以说是员工决定了自己的考核结果。员工一年工作做的怎么样在绩效目标、平时的沟通、管理者的记录里都得到了很好的体现，是这些因素决定了员工的绩效考核评价的高低，而非管理者，管理者只需保证其公平与公正即可。

所以，管理者在绩效考核中应扮演公证员的角色。做公证员似乎是轻松的，但却是前面的努力的结果，是一直不断的努力才使得管理者可以坦然面对本来很繁琐的考核，可以泰然处之，轻松应对。这也是绩效管理所追求的目标，让一切成为自然，让员工自己管理自己的绩效。其实，业绩管理很简单，只要角色定位好了，思路清晰了，方法找对了，业绩管理就一定能出成效，而且会远远超出我们的想象。

制定合理的绩效考核指标

做好员工绩效管理工作，最难的事是莫过于“顶头上司”给他们的下属设计“绩效考核指标”。

有的管理专家把绩效考核指标的设计规范归纳为一个英文单词：SMART。其实，这里的“SMART”不是单词，而是五个词的词头合起来的一组符号，一个字母表示一个含义：

S（Specific）是指绩效考核指标设计应当细化到具体内容，既要能切中团队主导绩效目标，又能随情景变化的内容。

M（Measurable）是指绩效考核指标应当设计成员工可以通过劳动运作起来的，结果可以量化的指标。

A（Attainable）是指绩效考核指标应当设计为通过员工的努力可以实现的，在时限之内做得到的目标。

R（Realistic）是指绩效考核指标应当设计成“能观察，可证明，现实的确存在的”目标。

T（Time-bound）是指绩效考核指标应当是有时间限制的，关注到效率的指标。

可见，这一组符号点出了设计员工绩效考核指标的基本原则。根据这种思想逻辑归纳，管理者在设计员工绩效考核指标时，就应当遵循三个原则：

1．必须注意与团队绩效的相关性

现代企业是合作劳动的团队，这就要求企业管理必须关注团队精神培养，强化合作意识。而要实现这一点，光指望鼓励、号召、启发觉悟，不触及利益问题，是无济于事的。必须形成团队凝聚力的物质基础，形成“团结协作不够，个人利益就少；没有团结协作，就得不到个人利益”，即俗话说的“大河有水小河满，大河水少小河干”的压力。这种压力一定要通过员工绩效管理来具体体现利益分配，这样才可能产生影响。

对待这两件事，一是要有严格的功能区分，不可混为一谈，有所偏废；二是要注意相互间的配合，把握火候、力度，争取相得益彰。

鉴于员工绩效管理与实体绩效管理是如此密切相关，我们就要强调，在设计员工绩效考核指标时必须想到：

(1) 员工绩效管理是以实体绩效管理为基础的管理活动。

(2) 员工绩效管理的立足点是放在考察员工“执行上级指令的坚决性”这一点上。它的重要功能就是要强化“顶头上司”的管理权威。

(3) 员工绩效管理是加大“压强”的工作。因为团队压力再大，员工作为个人还可能感受不切实。所以，一定要在施加团队压力抓紧实施绩效管理的同时，把员工个人的绩效管理作为加大“压强”的重要环节，严格实施。

2．必须注意信度与效度分析

所谓员工绩效考核指标的信度，是指这个考核指标的真实程度。即这个指标是否为团队运作过程一个确实存在的工作环节？能否用数据或者信息表达？能否被证明是可观察的？它所用到的数据的采集方法是否是科学的、可靠的？

所谓员工绩效考核指标的效度，是指这个考核指标的有效程度：用这个指标能考察出员工的工作态度如何？反映员工的工作能力高低，计算出员工的工作业绩，照这个指标来评价员工工作，大家会不会认可它是公正的？照这个指标来引导员工劳动，对团队实现经济目标是否真的有正面作用？

做员工绩效考核指标的信度和效度分析，常见的问题主要有两方面。一是缺乏论证的严肃性，事前的设计预案较少做科学分析；事中的讨论只是在经营班子中象征性地争吵一顿，没人提出异议就算通过，难做深入推敲；事后的反馈也往往被忽略。二是缺乏论证的专业性，参加讨论的人，大多不是内行的设计者，讨论的重点也往往是“公平性”，而不是“科学性”。

这项原则的实施是明显的“管理短板”。

3．必须关注规范性和可操作性

谈到员工绩效管理考核指标设计的规范性，必须指出的是：相当多的企业在设计考核指标时流于粗疏，并没有真正想清楚就仓促上阵了。结果，运作起来要么是歧义丛生，莫衷一是；要么是似是而非，不知所云。落实到目标责任书上的时候居然也只是“营业额达到多少多少元”、“客户满意度不得少于百分之多少”一类不知所云、很不确切的表达。按照规范的做法，一项绩效考核指标至少要回答 10 个问题：

(1) 这个绩效考核指标的正式名称是什么?

(2) 这个绩效考核指标的确切定义怎样阐述?

(3) 设立这个绩效考核指标的直接目的何在?

(4) 围绕着这个绩效考核指标有哪些相关的说明?

(5) 谁来负责收集所需要的数据，用怎样的流程来收集?

(6) 所需要的数据从何而来?

(7) 计算数据的主要数学公式是什么?

(8) 统计的周期是什么?

(9) 什么单位或个人负责数据的审核?

(10) 这个绩效考核指标用什么样的形式来表达?

把握了上述问题以后，你就可以确定本公司的业绩考核指标了。

设计薪酬，让员工大胆 PK

把业绩和工资挂钩，是最普遍、最实用、最见效的业绩考核方法。

薪酬制度是诱导员工行为因素集合与企业目标体系最佳的连接点，即达到特定的团队目标员工将会得到相应的奖酬。

绩效工资制作为薪酬的一种表现形式由来已久，在 18 世纪的美国，农场中采摘橄榄的工人的收入是根据其采摘的橄榄数量发放的。20 世纪初期，上海滩的码头搬运工人是根据他们搬运的数量而领薪水的。从管理的角度来看，绩效工资制的目的就是通过考核员工的工作业绩来发放员工的薪金。

但是近几年对绩效工资制的批评之声越来越多，有些人认为绩效工资的采用存在着一些问题。首先，没有明显的证据能够表明业绩工资所取得的积极效果，相反，有一些研究却表明了绩效工资可能带来的消极结果。例如，使公司的员工更多的关心自己的业绩，团队意识在下降，有些员工为了提升业绩甚至不惜牺牲公司和客户的利益。其次，还有人认为在绩效工资的实施、运作过程中存在着很多操作性困难，因为人在不同的阶段会产生不同的需求，绩效工资不会适应这种变化来满足人的需求。最后，还有一些现象表明，绩效工资不一定会留住那些高绩效的员工，同样它也不一定会令低绩效的员工主动离开企业。因此，如何正确运用“绩效工资”，使其真正达到激励员工提升业绩水平、留住优秀人才的目的，成为企业管理者在施行绩效工资制时不得不面对的一个挑战。

绩效工资制一般是由基础工资和由完成一定的工作业绩而带来的提成构成的，这部分提成我们通常称之为绩效工资。这种工资结构主要目的是希望员工通过提升业绩来达到提高收入的效果，这种思想贯穿着绩效工资制的全部，用“低保障，高提成”的方法来激励员工做到“高绩效，高收入”。

绩效工资制的效果依赖于绩效评估体制是否有效，如果绩效评估体制存在着缺陷，比如说评价指标选择的有问题等，那么，建立在这种绩效评价体制上的绩效工资制也会是有问题的。我们知道在许多企业当中，绩效评估中遇到的一个很实际的问题就是很难确定客观的量化的绩效指标。对于生产型或销售型的工作，可以比较容易的设定量化的评价指标，例如，销售额、产量等，可以较为客观地进行评价，即便是这样，人的需求不断变化的特点也不能被量化的销售额、产量等完全覆盖。

比如，在对新业务员进行业绩考核时，不应该把成交额作为考核的重点，如果这样做很有可能由于开始阶段的业绩低迷而错误地认定其能力不行而造成人才流失，对于一个新的销售人员来说，刚进入这个行业主要是希望尽快熟悉行业的特点，掌握工作技巧，这个阶段的考核应该考核他（她）的素质是否能够适应本行业的要求、工作态度以及工作方法的学习、领悟等方面。公司应提供培训、学习的机会，在这一过程中来考核他（她）对工作的适应性，效果是比较好的。

在经过培训、实习一个阶段以后，业务员独挑大梁开始工作。

在这个阶段业绩考核的重点才应该是业绩的最终完成效果。同时，业务员的内心会产生社交被尊重的需要，这种需要通过完成高绩效的工作，获得较高的收入，得到职位的升迁来得到满足。因此，业务员会为了提高业绩水平而想出许多办法、应用许多手段，在追求高绩效的同时，绩效工资制的副作用开始慢慢显露出来。这时候的业绩指标应加入控制的因素，例如，员工的绩效考评指标体系中，要有团队合作指标，还必须包含团队的利益。最重要的一点，员工的绩效指标要体现公司的战略意图。对于那些能够完成业绩的员工，不但要给予物质的奖励，还要给予精神的奖励，例如，职务的提升，担任团队的领导等。应当记住，对于高绩效的员工仅仅按照政策兑现高绩效工资是不够的。在加入其他指标时，不宜增加过多，以避免给下级人员带来困惑，影响主要指标的完成。

最后阶段，对于一名经验丰富有着一定客户关系的销售人员的考核是目前许多公司面临的一个管理难题，由于销售人员本身具有一定的资源，这时他已经不会把收入作为工作的惟一追求，不会为了挣钱而去 PK 了，这时候工作的满足感、成就感成为他工作的主要动因。面对这种心态，考核的内容应以满足个人成就、自我实现为主导，加入领导、创新等内容，刺激销售人员不断挑战自我，以为公司创造更大价值为己任。对于具体的业绩考核可以放松要求，甚至可以改变工资结构，由“低保障、高提成”变为“高保障、低提成”，使人员从低级业务中解脱出来，帮助其他人员共同进步。同时，解决其后顾之忧，使其能长期留在公司中，避免人才流失到竞争对手那里，成为公司的敌人。

总而言之，对员工而言，绩效工资是以员工的工作表现和工作业绩为依据，员工为了获得更多的报酬，必然不断提高自己的工作业绩，在工作中有更加出色的表现；对企业管理层而言，由于采用了绩效工资制，企业的生产效率、经济效益得到了提高。对管理层人员本身来说，必须进行不间断的学习，不断提高自身的管理水平，灵活地应用“绩效工资”，针对不同的人员采用不同的考核方法、考核指标，真正调动起员工的工作积极性，使员工自觉地为公司的发展做出贡献，才能使企业在激烈的市场竞争中立于不败之地。

认真细致地做好工作分析

所谓工作分析，就是通过一个系统的正式的程序来研究一个工作，获得有关团队中的每一个独特的角色的重要的和相关的信息的过程。这些重要信息包括工作或角色的任务、职责以及对胜任工作所需要的人的要求。这是做好绩效考核的一个重要前提条件。

管理者进行工作分析的首要条件是应该先弄清楚为什么，盲目进行工作分析，不但会给企业带来很大的人力物力浪费，还会让员工对企业产生一些诸如条理不清晰的负面影响。

工作分析能够为员工业绩评估带来的价值体现在四个方面：一是建立工作价值的层级；二是存档工作方式和程序方便了工作培训的进行；三是提供绩效评估的标准；四是区分职位种类并作

为职业发展路径的基础。

在进行工作分析之前，有一些准备工作是必须要做的，首先要确定所需要的信息，只有确定了分析过程中所需要的信息范围，才能在搜集信息的过程中有的放矢；其次要决定信息的来源，然后逐一按照途径搜集；最后要制定沟通的计划，在搜集资料和分析的过程中都需要和员工、领导沟通，制定沟通计划不可或缺。

1．搜集工作信息

在工作分析的具体实施过程中，搜集信息和沟通是非常重要的。工作信息的来源分主要来源和次要来源两种。主要来源大都是通过与员工间的沟通取得的，而次要来源基本是从企业的一些政策、法规、文件等途径获得的。

一般情况下，工作分析的主要信息来源可以通过如下途径获得：

（1）直接观察。适用于周期短而且手工重复性强的工作。直接观察需要经过从其他方面收集资料、大致确定所要观察的工作行为、开始观察前向被观察者解释整个过程、尽量避免打搅被观察者的工作并观察工作的全过程、进行观察之后的面谈以便进一步明白工作、同上级核实结果等六道工序。直接观察优点是可以比较容易和快速地实施以明确任务和行为，缺点在于比较费时费力，所获得的信息可能不足够编制工作描述（职位说明），该方法不适用于级别高一些的工作。

（2）个人面谈。要求工作分析人员同任职者通过一对一的结构化的谈话进行对工作内容的回顾描述（如果工作还没有任职者，则同上级进行面谈）。不太适用于生产线的工作，更多用于专业人员和管理人员。这种方式的优点是可以得到准确的工作描述，通过任职者及其上级的参与使得工作分析的过程得到认可及接受。缺点也是比较费时费力。

(3) 小组访谈。工作分析人员同一组任职者通过结构化的谈话进行对工作内容的回顾描述，适用于不可能同所有的任职者进行个人面谈的情况。当需要一个被访者回答的样本和资料显示被分析的工作的内容和级别基本相同或只有微小差异时，小组访谈的方式比较适合。

另外，小组访谈除了需要遵从个人面谈的程序及注意事项以外，还可以邀请技术专家参与访谈。小组访谈的优点是可以得到准确的工作描述，而且由于综合了多方信息，结果会更有效。缺点是访谈可能会变成一场抱怨倾诉会，信息也可能被个别被访者所主导从而不能反映真实情况，而且也存在有些能提供真实信息的人可能没被邀请，而有些被访的人可能并不了解被分析的工作的情况。

(4) 问卷。问卷几乎适用于所有工作，但通常更适用于低级别、生产操作类型的工作。问卷分开放式问卷和结构性问卷两种，两种类型的问卷都可以在网上填写。其中，开放式问卷几乎适用于除了生产操作的所有工作，对于专业技术、管理和高级管理工作最为适用。

当为了多方面人力资源管理的目的而需要有关工作的具体任务、技能或行为的详细资料时，当团队拥有足够的计算机、人力和财力资源时，结构性问卷都可以派上用场。

2. 工作分析的沟通

员工的接受程度在工作分析的过程中非常重要。如果管理层没有将工作分析的目的同员工很好地沟通，将会对员工和管理者之间的关系造成负面影响。

在工作分析实施的过程中，公司应该考虑对员工及经理的必要沟通。实施沟通的方式应该符合公司的战略并提及工作分析的程序。在这一过程中，要特别注意团队文化对于沟通战略的重要影响。

沟通的第一步就是设计一个沟通的战略计划：包括沟通的对象、方式、内容、时间、地点、沟通负责人等。其中，沟通的方式很重要，有小组沟通会，包括团队同经理的小组会、安排员工信息分享会；各种宣传资料，包括公司高层发给员工的公告信、员工通讯上发布的文章；信息反馈，包括在适当的时间向参与者提供反馈、向参与者和工作分析委员会成员发送来自公司高级管理层的感谢信。

不论谁将参与到工作分析的过程中，工作分析都应该是一个有逻辑的、一致性强的过程。所以，工作分析的参与者中要有最清楚自己工作任务和职责的细节的任职者，要有可以提供更客观和一致的工作分析方法的工作分析人员，以及帮助核实任职者提供的信息的上级。

值得注意的是，任何分析都是有误差的，工作分析也不例外。误差主要来源于内容误差、样本误差和沟通不足、统计程序运用不当、结果解释不当等。在开始实施工作分析之前，考虑各种工作分析过程中可能的误差来源，有助于明了工作分析中存在的问题，将出现这些问题的机会减到最小将有利于工作分析过程的成功。

绩效评估一定要注重实际

对员工的绩效进行评估是管理者的一项重要职责，也是考核员工的主要途径。人员的一切工作，都要求必须对其所做的成果做出正确的评估。没有评估，你不可能了解一个人的工作状态和潜能，也就不可能清楚地知道他适合在哪一方面发展，或者说是否能适应下一阶段战略目标及企业运营的需要。

传统的评估往往是由几个人组成评估小组，依据他们掌握的信息对人员做出评估，提出结果。而由注重实际的优秀管理者所带领的团队的绩效评估更倾向于有本人（被评估人）参与的双向评估，它是一个互动的过程，评估结果在评估过程中已经传达给了被评估者。评估是在一种坦诚的气氛中进行，评估既全面、公正，同时也是对被评估人的培养。

在进行人才评估的时候，我们不仅要评价被评选者在当前这份工作中的表现水平，而且还要对那些潜在的继任者进行评估，并根据评估结果对被评选者的工作岗位进行调整。绩效评估还将那些无法胜任自己当前工作的人进行讨论，并设法制定出相应的解决方案：是要对他们进行更多的指导，还是要给他们调换工作岗位？对于那些可能离职或被开除的员工，管理者必须准备好接替他（她）的人。除了个体人员的评估之外，绩效评估还将涉及团队设计、一般人才开发和技能需求以适应新战略的要求。

在美国的霍尼韦尔公司，管理者们要花大量的时间为评估进行准备。他们不仅要对那些向自己直接汇报的下属负责，还要考虑到对这些下属进行直接汇报的人。他们不仅要展示自己的观点，并且还要为随之而来的讨论做好准备——如果有人反对的话，他们要能够为自己的观点辩护。有人会问他们准备采取哪些措施来培养公司的员工，他们是否正在成长并日趋走向成熟？为什么有些人表现会如此不佳？管理者们准备采取哪些措施来处理这些人？公司是否兑现了自己培养个体职员的诺言——他或她是否得到了应有的指导，或者是否已经调换到了其他工作岗位上？在进行评估的前一周，准备参加绩效评估会议的人必须事先提交自己的评估报告，而且那些没有达到要求的评估还将被返还给个人，重写一遍；保持整个流程的诚实性是必要的。为什么有的评估会被返还给原作者呢？其中一个原因就是他们所使用的语言过于温和。比如说，一位评估者可能会这样描述一个人，“很好。”在回答这位被评估人员需要接受哪些指导这个问题时，他的答案可能是“无”。这位受评估者真的是一位完美无瑕的人吗？即使上帝也有缺点啊！再高明的管理者也无法帮助一个自认为根本不需要任何帮助的下属。这种评估也是没有任何实际意义的。

即便是最优秀的管理者也不能仅凭个人的印象来评判一个人。其实这种公开评估之所以有必要，其原因就在于它能够在某种程度上有效克服单独评估过程中的主观性。之所以说是“在某种程度上”，是因为当几个人同时对一个自己熟悉的人进行评估的时候，本来是主观的评价也就可能具有了一种客观性。

对员工进行正确的评估，并对有潜力者给予指导和培养是管理工作中所不可缺少的工作。

在评估中进行坦诚的交流十分重要，这不仅是得到正确评估结果的前提条件，而且，在这种就事论事坦白的评估过程中，也是对被评估者的一次指导和培养的很好的机会。

在评估中坦白沟通意见是对绩效评估公正的保证。每个人的角度与观点各不相同，当展开坦白的评估时，就会捕捉到各方面的因素，从而对一个人做出公正的评价。另外，只有当别人提出问题与不足时，你才能进步。因此，从这一层意义上来说，坦白的沟通也是对下属的很好的指导与培养的机会，相反，如果在评估过程中，每个人都只说灿烂的一面，而对被评估者工作中存在的问题和缺陷闭口不谈，那么可以想见，这样的评估结果既有失公允，而且被评估者也不可能发现工作中的问题而及时改进，当然也就学不到任何东西，不会有所进步。这是优秀管理者不应该允许的事情。

第九章

管好自己，用领导魅力带团队

做管理是一门真正的学问，当领导靠得不是表面功夫。你要挖掘员工的潜力，要把握市场的走向，你的素养造就了团队不同寻常的魅力，你的高度就是团队的高度。你是员工的标杆和榜样，你是团队的中流砥柱。一屋不扫，不足以扫天下。管理不好自己，如何能管理好一个团队？

把以身作则放在第一位

现在的大多数人都不喜欢被管理，如果管理者的行为引起下属的疑虑，会引起他们的反感。因此，身为管理者，必须真正地以身作则，才能让下属信服。

员工期待的管理者是在非常时期能够表现得与众不同，且能够断然地做出决定，迅速敏捷地采取行动的人。只有这样的管理者，才能强有力地支配部下。

在竞争愈来愈激烈的今天，团队随时都会面临各种困难。当面临困境时，管理者必须能够率先士卒，面对难关。这样，坚定沉着的精神就会传达给部下，让大家都能够勇敢地面对挑战。

身为管理者，不仅要会做报告、夸夸其谈、口若悬河、在言辞上折服众人，更重要的是自己能以身作则、严于律己。因为自己的一言一行、一举一动都受到大众目光的监视。将自己的行动表现在事业上，是最能感动他人的举措。

日本本田技研工业总公司的创始人本田宗一郎每当遇到棘手的事情时，总是自己率先去干。因此，公司里的年轻人非常佩服他的这种身先士卒的垂范作风。

有一次，为了谈一笔出口生意，本田宗一郎和同事藤泽武夫在滨松一家日本餐馆里招待一位外国商人。外国商人上厕所时，不小心弄掉了假牙。本田宗一郎二话没说，就跑到厕所，脱掉衣服，跳下粪池，用木棒小心翼翼地慢慢打捞，终于找到了假牙。然后，他又反复冲洗干净，并做了严格的消毒处理。回到宴席上，本田宗一郎自己先试了试，高兴得手舞足蹈。这件事让那位外国人很受感动，生意自然获得了圆满的成功。藤泽武夫目睹这一切，感慨不已，决心一辈子和本田宗一郎合作下去。

一大堆的同情话、亲热语，远不及援一手、投一足的实际小帮助。人是最容易为一些小事情、小恩惠所折服的。作为管理者，还应降低自己的物质欲望与享受观念，使自己与大众没有差异，使自己成为大众中的普通一员。要求他人做到的，自己首先要做到。这样，说话就响亮，就能感服他人。

榜样可以起到明显的激励作用，从而推动各项工作的开展。什么是榜样激励的核心问题呢？就是企业的管理者要以身作则。事实证明，企业管理者的一举一动往往影响着员工的积极性，会给员工留下深刻的印象。在不少企业里，都开展“评先进、树典型”活动，为员工树立了榜样，会使企业形成一种积极向上的文化氛围。

管理者要注重行为的“垂范激励”。企业管理者，不管你是委派的还是选举产生的，抑或是竞选受聘的，一旦被任命之后，手中就拥有了经营管理企业的权力。然而，这并不意味着你的权力已经“合法”。能否获得群众认同的“合法权威”，关键要看管理行为产生的“激励效应”如何，即能否从你的下属和员工那里得到“合法化”赞同。

美国社会学家彼德·布莱认为，管理者的有效性和稳定性取决于下级的社会赞同。受到下级承认和赞同的管理者，在对下级施加影响时，要比那些未受到承认或赞同的管理者更为有效。假如你忽视了这一点，以为靠着人事部门的一纸文件就可以滥用权力，那么你就会动摇管理者权威的有效性和合法性。久而久之，最终会丧失员工心目中对你的权力和威信的认可。

用新的思想看待事务管理

许多人终日为一些琐务而忙碌，都曾有一个共同的想法，眼看着成功人士穿着名牌服装，开着各类轿车，整天游山玩水，休闲自得，羡慕不已。然而在羡慕之余，他们可能也曾想：“是什么因素使得他们能够从琐务中挣脱出来，休闲自得，而我却没有？”

不少人将事务管理的根本原因直接归咎于他们生来就有这种天赋，他们比别人聪明，比别人努力或是他们比别人幸运。但是天赋、聪明、努力与幸运，并无法解释所有事务管理成功的原因。他们并不见得比你聪明，也不见得比你幸运，也并没有受到过什么高等教育，他们惟一比你强得就是用一种新的思想看待自己的事务管理。

一些社会学家的调查表明，80% 家庭中的不和睦是事务处理不合理而造成的，80% 的离婚也是事务处理的原因，这些都是事务管理不好的缘故。

的确，造成以上这些的直接原因是与是否努力有一点点关系，但是这些都是表面现象，人们习惯将这些原因归咎于外在的因素，比如，你在工作中的努力，老板是会看到的。但是，你努力不到点子上，犹如好钢不用在刀刃上一样。那么，怎样能使刀更锋利呢？

我更深一步提问，为什么他们能穿各种名牌服装，坐名贵轿车游山玩水呢？他们又如何处理一些事务的呢？到底那些人有什么特殊技能，是他们天天想着这些事吗？他们何以活得如此潇洒自如呢？

所有这些问题都不是用天赋、聪明才智以及努力与幸福等因素能解释得了的。高效能人士经过多年实践和观察，终于发现一个被众人所忽略但却极为重要的原因，那就是用一种新的思想看待你的事务管理。

什么叫新的思想呢？说白了就是要有与别人不同的看法，不同的观点，不要总认为自己无能力管理好这些琐务。其实，那些在事务管理上取得成功的人，也并不是有多大的能耐，但是他们能够意识到事务管理的重要性。

实际上这些事务管理并没有多么深奥的学问，也不必占用太多的时间去应付，只要你在大脑中有一个印象，比如说，你今天同妻子吵架了，你可以抽出半小时的时间，多与妻子交流沟通，在这半小时里，你可以什么也别想，就想如何改善你与妻子之间的关系，这样就会既不耽误你的工作或事业，又节省了时间。这样的效果比你利用整天的时间在妻子耳边磨磨叨叨的要强过好几倍。

每个人都有一个成功的梦想，一个管理好自己的事务的梦想。在竞争激烈的社会里，事务管理从某种意义上讲是成功的一种体现，事务管理也自然成为衡量成功的一个标尺。

不同的人有不同的管理事务的方式，那么如何衡量一个人的事务管理能力呢？以往人们都是以旧传统、旧观念，看待事务管理，只要能使家庭和睦，企业内部员工之间不出现矛盾，就是一个很好的事务管理者。他们根本没有想到一个好的事务管理方法能给自己带来更多的经济效益。在今天的经济社会里，市场竞争十分激烈，如果不把事务管理做得井然有序，有条不紊，那么你的企业就无法在市场站稳脚跟，甚至更大的威胁是倒闭、破产、失败的教训，所以必须用新的思想、新的观点看待你的事务管理。

1945 年，瓦尔顿和弟弟一起在阿肯色州开了一家小杂货店，这种店被称之为“分角小商店”，由于瓦尔顿有新的想法新的创意，从而使事务管理得当，很快，他从一家“分角小商店”发展成为有 1000 多家遍布于美国各地的小商店。在美国形成了一个偌大的瓦尔顿市场。美国著名的权威杂志《福布斯》曾宣布：瓦尔顿是全美国最富有的富翁之一。

瓦尔顿的企业内部的事务管理是十分奇特的，那 1000 多家商店全都开设于人口在 2.5 万人的小城镇，为的是销售员上门推销廉价商品的经营风格。公司的正式雇员一开始就必须购买公司的股票，以便供职的员工产生向心力，让他们时时刻刻感到：在为公司赚钱的同时，也在为自己的银行户头增大数字。

这1000多家小商店全部是自负盈亏，每年向公司上交利润。因此，瓦尔顿很轻松，他经常带着全家“游山玩水”，但这种“游山玩水”却不同，瓦尔顿仅限于这种小城镇，并且专门去人多的地方，他说，这是利用“游山玩水”的空档，更进一步了解市场动态和顾客的满意度。

瓦尔顿经常巡视众多小商店，但并不是干涉这些小商店的管理，而是面带微笑，和蔼可亲地在停车场或街上询问顾客是否受到热情的接待，有什么想买而买不到的东西，是否喜欢镇上的商店等等。对于这位白发的老年人，人们往往无所顾忌地掏出心里话，瓦尔顿就是根据这些第一手资料来切实改善商店的经营范围和作风。每当一家新商店开张时，瓦尔顿总要赶到，给属下以鼓励，要求大家抓准机会，努力发展，争创一流。

瓦尔顿用奇特的内部事务管理，与别人不同的观点，将一家“分角小商店”发展成为遍布于美国各地1000多家商店。这充分体现了用新思想看待事务管理而使自己成功是多么重要。

假如瓦尔顿仍然按照当时的陈规陋习来管理企业内部的事务，他的企业能发展吗？能够拥有上千个商店吗？就像今天的社会一样，过去我们是用书信的方式去同家人或朋友交流，现在却用电话或互联网，当然这两种沟通方式都能起到一定的效果。但是从时间上看，写一封信起码要用1个小时，寄信也需要一两天的时间，可打电话则需要几分钟，最多也是十几分钟，而且打电话的效果相比之下要比写信不论从哪个角度看都有它一定的优势。由此可见，瓦尔顿用新思想看待企业内部事务管理的方法是对的。

社会的发展，时代的进步，一些新事物不断出现，如果你能适应新的思想，用来考虑你的事务管理。不仅可以使你的事务管理井然有序，而且也能从你的事务管理中得到好处。你的事务管理得当，才能让更多的人为你服务，从而发挥你的高效能，因此，你必须用一种新的思想看待你的事务管理，这样才能成为真正的高效能人士。同时也符合帕累托法则。

用知识、经验建立威信底蕴

个人威信是一种能力，这种能力影响当事者周围的人群、环境和条件。它可以使别人相信当事者的言行，从而按他的意志来做事情。

个人威信与个人特有的品质和特点密切相关。人格、能力、经验以及所控制信息都是形成个人威信的必不可少的条件，这些条件能够使当事者对某些后果产生影响从而增加他们的控制能力。成功者总是能够利用任何机会和场合来扩大自己的个人威信，他们知道在任何时候，没有威信、不能影响别人的人是永远也不会赢得别人信赖的，而得不到别人信赖是不会办成事情的。

作为团队管理者如果没有威信，虽然下属们表现虚心应承，背后却违管理者之意行之，可以想象，那将是怎样一种情况。作为一个团队管理者，必须在员工中树立起自己的威信，“说一不二”，哪怕是错的也要服从。这样，才能在任何情况下把团队活动控制在自己之下，一旦有了大的波动，出现混乱局面，一个权威声音总比大家一起吵吵嚷嚷更能解决问题。

团队管理者的威信来源于自身的丰富知识。与自身工作相关的专业知识是管理者的宝贵财富。专业知识不但是征服困难的力量，也是征服人心的力量。管理者具有丰富的专业知识，能够回答下属不能回答的问题，特别是管理者丰富的知识能够给下属带来实惠时，下属就会对管理者产生敬佩感，管理者就能在下属中树立起较高的威信。

团队管理者的权威建立在自己领导能力之上，在指派任务时，注意进行情况预测，对于任务的艰巨程度，领受任务下属的承受能力，分配任务时可能出现的问题等等，都能做到心中有数，胸有成竹。必要时常常事先与领受任务的下属相互沟通，事先做好工作，征询意见，尽量避免分配任务时出现顶牛现象。

团队管理者权威的树立关键还在于其领导能力和用人技巧。在决策前多听取意见，意见基本一致时，再定下决策。

作为一个管理者，在某些时候，为了避免决策错误，少做决策也是一个极好的办法。有的管理学家甚至这样说：“一个单位总是需要管理者匆忙地去做决策的话，那就不是一个好单位。”

如果这样的话，管理者会始终在一种压力下工作，不断地头痛医头、脚痛医脚。

团队管理者只有在处理重要的事务时才亲自决定。团队管理者发出的指令能否得到最有效的施行，直接关系到管理者权力的影响度和威信的力量。团队管理者的管理经验证明，管理者谨言慎行、不轻易许诺是做好团队管理的必备素质。

团队管理者往往与员工接触较多，关系也相对于高级领导更紧密，不自觉间，往往忘记自己肩负的领导职责。殊不知，圣人举步，众人瞩目。团队管理者的一举一动，必引起相当多的人注目而视。此谓船摇一尺，桅摆一丈。因此，应该对自己的言行执有戒惧、审慎的态度，才能名符金口玉言之实。

不少管理者所做的最不可取的一件事就是爱许诺，可他们却又偏偏不珍惜这一诺千金的价值，在听觉上与视觉上满足了下属的希望之后，又留给了人们漫长的等待与终无音讯的结果。

诺言如同激素，最能激发人们的热情。试想你在头脑兴奋的状态下，许下了一个同样令人兴奋的诺言：若超额完成任务，大家月底将能够拿到 40% 的分红。这是怎样的一则好消息啊，情绪高亢的人们已无暇辨认它的真实性，想象力已穿过时空的隧道进入了月底分红的那一幕。

难以兑现的诺言比谣言更可怕。虽然，谣言会闹得满城风雨，沸沸扬扬，但人们很快就会明白事实的真假，未实现的承诺骗取的是人们真心的付出。就像你让一个天真的孩子替你跑腿送一份急件，当孩子跑回来索要你的奖赏时，你已溜之大吉，那孩子可能会由此而学会收取定金的本领。一旦你的员工有了这样的心态，那你在团队中就是一个彻底的失败者，你的权威没有了，必要的信任也消逝了。

你的命令不是圣旨，但你的承诺却有着沉甸甸的分量。对于你不能实现的诺言，最好今天就让下属失望，而不要等到骗取了雇员的积极性后的明天让他们更失望。

火车跑得快，全靠自己带

管理者的能力至关重要，直接决定其能否起领头作用。一个不注重自己能力训练的管理者，充其量只是徒有虚名而已。虚名是什么？就是空坐其位。相反，一名管理者只要在自身能力上下功夫，那么他就会全面地提高自己的管理水平，从而产生榜样的力量。因此，领头能力对于管理者来说，是一把检验其成败的重要标尺，真可谓“火车跑得快，全靠车头带”。

“管理才能”的最佳定义是：管理才能就是影响力。真正优秀的管理者能通过自己的榜样作用影响别人，使别人成为追随者，跟他一起干，同时鼓舞下属朝着工作的预定目标迈进，给他们追求成功的力量。

管理者必须有勇敢、俭朴、奋斗、任劳任怨和卓越的进取意识。正因为你有着这些方面的优势，才有可能在这个崇尚竞争和拼搏奋斗的社会中确立自己的位置。如果你仍想沿着向上的方向继续进取，而不是保业守成，那么你就应坚定地把守着自己的这些优点，防止它们被金钱、安逸舒适的生活享乐、及追求攀比平衡的心态所埋没掉。也就是说，在创业时，要身先士卒；在事业飞黄腾达时，保持“布衣风范”。这是管理者成功的另一要素。俗话说：火车跑得快，全靠车头带。管理者就是要起到这个火车头的作用。

世界石油大王洛克菲勒外出旅行及洽谈生意时，总是在住宿问题上与服务员讨价还价，最终选定最便宜的房间住进去。服务员都感到很奇怪，有一次别人问他："天啊，洛克菲勒先生，你为什么要选择这样的房间呢？你的孩子们每次来我们这里可都是选择最昂贵、最舒适的房间啊！""这一点也不奇怪，他们之所以能够这样做，是因为他们的父亲是个百万富翁，而我的父亲却不是。"洛克菲勒平静地回答。约旦总统阿卜杜拉·侯赛因，是由一名普通士兵逐级提升上去的。虽然贵为总统，但他经常独自一人在街上漫步，也会随意敲开一家居民的大门，和感到惊愕却又满怀喜悦的一家人共进一顿非常简单的午餐或晚餐。

有人常想在自己的地位提升之后改变自己，但这种希望往往会以失败而告终。你的优势不在于你的地位、财势，而在于你的一种内在的独特品质。用影响力和带头作用赢得别人的追随是管理者必须要做的事情。

1. 要学会表现自己的才能

也许有人会说："我数年埋头苦干，兢兢业业，却默默无闻。""现在是干的人不香，说的人飘香。"如果你尝到这种苦头的话，证明你是缺乏做的艺术和说的艺术。靠别人发现，终归是被动的。靠自己积极地表现，才是主动的。成功的管理者往往善于积极地表现自己最高的才能，以及各种各样的处理问题的方式。这样不但可以表现自己，也可吸收别人的经验，同时获得谦虚的美誉。你要想成为一名出色的一呼百应的管理者，不妨这样做：在适当的场合、适当的时候，以适当的方式向同事和下属表现你的业绩，这是很有必要的。因为一个没有才能的管理者，只能是庸官，是绝对不会赢得人心的。

2. 最大限度地表现自己的美德

人是复杂的、多面的，既有长处，也有短处。如何扬长避短，最大限度地表现自己的美德，这是现代管理者必备的素质。聪明人能够使自己的美德像金子一样闪闪发光，具有永恒的魅力。如何最大限度地表现自己的美德呢？请记住“尽善尽美”四个字。事情无大小，每做一件事，总要竭尽全力求其完美，这是成功人士的一种标记。

人们都想得到一个较高的位置，找到一个千载难逢的机会，使自己有“用武之地”。可是，人们却往往容易轻视简单的工作，看不起平凡的位置与处理渺小的日常事务。而成功的管理者即使在平凡的位置上工作也能做得十分出色，自然也就能更多地吸引别人的注意。成功的管理者每做一件事，都不满足于“还可以”、“差不多”，而是力求做到尽善尽美，问心无愧，任何工作都经得起“检查”。管理者的美德，就是在一件件小事中闪闪发光的。

管理者表现自己的美德，还有一个度的问题。最大限度地表现自己而又做得恰如其分，这既是一种能力也是一门艺术，它往往体现一个人的修养水平的高低。

用自己的涵养凝聚人心

涵养深厚的管理者，多半都是根据别人的人生经验与学问，加以培养增长，而成为自己的涵养。凡是接近这种管理者的人，会觉得如沐春风。

事实上，涵养是现代管理学非常引人注目的一个问题，是提高凝聚力的“护身符”。正如法国某铁路局局长拉尔·底特利所说的：“成功管理有 3 件事：一是 25% 的职业技术，二是 25% 的想象力；其余的 50%，就是本身的涵养。”

底特利又补充说：“所谓的涵养，是指自己用来与社会配合发展的 3 种基本元素所构成的，那就是知识、行动与反省，使自己成为一个平衡的人。”

在此，知识并不单指博学广闻，而是要能知、能行，且能随机应变。有学者曾说过：“智慧的价值不在知识的多少，而是要有能力在新的情况中，以不同的、特殊的知识去适应它。”因此，若只是满腹经纶，还不能算是有智慧的人，也不能算是有涵养的人。像从前那种故作博学、故作忙碌状的人，在今天不但无法获得人气，反而会使周围的人把他看成是没有涵养的人。

有些管理者太过于自信，这会破坏自己与社会的配合。这种人在社会经济发展时期固然还可以，但是一旦到了停滞期，就会因为没有涵养而被排斥了。此外，有的人不管三七二十一，喜欢拖着别人走，自己高高在上的带头，这种牵引机式的管理者，也是没有涵养的表现。

涵养一词在其他方面而言，还包括价值观的多元化。不过，价值观的多元化会造成副作用，也就是说自己为了尊重别人的价值观而不喜欢介入别人的事情，然后反过来也就不愿意别人干涉自己，而产生以自我为中心的个人主义。

涵养酿成以自我为中心，就好像特效药有副作用一样。但是，这种副作用如果用更深一层的涵养，还是可以去除的。只是世界上的人能更深一步地修养自己的人很少，所以大多数人都具有这种以自我为中心的副作用。而真正有很深的涵养的人，是需要有克己的功夫与几分侠气的。

以自我为中心的人不愿意别人干涉他，因此在管理别人的时候便容易变成牵引机式的人，而被下属所厌恶。工薪阶层的人所看到的涵养，通常只是副作用的这一部分，所以对所谓涵养不屑一顾。

但是真正深厚的涵养，是富有同情心并且能洞察别人的心思。看到别人发怒时，他会设法去了解别人心里的寂寞与烦恼，并予以安慰。所以真正有涵养的人，一定能给别人良好的影响。他们的心灵成熟稳定，具有诚意，有打动人心的力量。

管理者必须努力使自己具备这种修养。而这种修养并不只是单由书本中得到，必须由工作中磨练出来。

要想具备涵养，其条件是：利用闲暇时间尽量多读书。但是不能漫无目的地读，要有计划地加以选择。

选择的标准是：

(1) 可以供工作参考，马上可以应用的；

(2) 能使自己心灵成熟的；

(3) 能启发自己工作创意的；

(4) 有趣的。

大致可分以上四类，按着这种次序去读。读腻了也可以变换内容看看。此外，也可以利用中午休息时间，自己多进修一些外语。活的学问与涵养，是要经常躺下来好好地思考事物，以及反省自己所走过的路。

尤其是前人的言行你要多加分析，把前人的经验与你自己的经验加以比较。多去获取别人的经验、了解别人的思想与价值观，这有助于你去分析事物，决定事情。

现在是一个瞬息万变的时代，不论是单位或团队，都不能只单靠几个精英去策划营运。有志于做管理者的人，必须努力培养自己的涵养，避免它所带来的副作用，才能给人留下深刻的印象，凝聚人心，这叫做涵养凝聚法。

用"正""直"驾驭整个团队

受下属尊重的管理者总是以大局为重，不计个人恩怨，充分地调动多数人的积极性，通过尽可能公正地使用人才来激发下属为团队效劳的积极心理。

尽管管理者的工作方法各不相同，但必须树立“行得正，做得直”的形象，才能大大有利于自己凝聚能力的加强。

这是因为，明智的管理者最在意的是名声，有好名声才有凝聚力，才能做到众望所归。因此，作为管理者，要领会“行得正，做得直”的内涵，只有顾及下属对自己品质的评价，只有在下属面前树立一个“行得正，做得直”的形象，才能更好地立权树威，做到取信于“民”。中国人历来讲究以法服人，下属也希望他们的管理者会是一个行得正，做得直的人。

公正地评价下属是优秀管理者的一个共同点。为了评价下属，他们善于及时观察和做笔记。俗话说：好记性不如烂笔头。下属的表现只有通过长期的工作才能体现出来。只有长期注意记录他们的行为，才能对他们真正有所了解。在掌握这些资料之后，当你通过手头的记录去表扬某些工作干得好，但又不被人注意的下属时，他们会备感欣慰，从而促使他们努力地把工作做得更好；如果是批评某些下属干得不好，虽然他会在短时期内情绪低落，但很快就会了解你公正待人的做法，同时会重新认识自己工作中的不足，变后进为先进。只有这样，下属才会逐渐消除对你的不满，对你的管理工作更加表示欢迎。

管理者在管理中要做到公正无私，并非一件容易的事情。例如：在分配工作时，不分难易地要求不同的工作在同一时间内完成，这种做法是很不公平的。同时，如果管理者管理两项以上的工作时，总是对自己较有经验或较感兴趣的工作表现得更为关心，那么此时从事另一项工作的下属就会感到管理者对他冷落，不看重他，由此心生怨恨，工作缺乏动力。因此，要想成为一个受下属欢迎的管理者，就应妥善地处理好对下属的公正问题。

管理者公正无私还表现在对下属的“论功行赏”上面。这种工作几乎是管理者每天都要干的，受下属欢迎的管理者，往往在论功行赏方面做得相当完美，能够充分调动下属的积极性，形成人人争上游的局面，给企业带来无限的生机和活力。反之，如果论功行赏做得不好的话，不仅达不到刺激下属的预期效果，反而会造成灾难性的后果。例如：表现优秀的下属在工作中做出了相当大的贡献，但令人遗憾的是，他并没有得到与他做出的贡献相对应的奖赏，工薪、奖金都没有与贡献成正比例增长。而那些并没有做什么实际工作的人却得到了加薪、分红。任何正常的人都会非常自然地感觉到管理者对他的不公平，从而产生种种抵触心理。这种劳者不多得，使中坚力量产生抵触情绪的局面一经形成，单位的前途命运也就非常危险了。

所以，深受下属欢迎的管理者总是以大局为重，不计个人恩怨，充分地调动多数人的积极性，通过尽可能公正地使用人才来激发下属为单位效劳的积极心理。

作为管理者，如果不能公正无私地开展工作，只注意到调动一部分人的积极性，就会不可避免地挫伤另一部分人的工作积极性，用人上的不公正会引起大家的不满，这是一个单位能否实现平稳发展的重要问题。如果待人失当、亲疏不一，则会在不知不觉中重用了某些不该得到重用的人，而冷落了一些单位的骨干力量，这样做的结果是严重打击了受到不公正待遇的下属的积极性和创造性，直接影响到单位的全局发展。因此，要想成为一名受下属欢迎并具有凝聚力的管理者，就应该对所有的下属一视同仁，这样，不仅积极因素可以得到充分调动，一些消极因素也会受到刺激而转化为积极因素，这样，深得人心的你，就能轻松自如地驾驭全局了。

公正无私的管理者并非都一定受到下属欢迎，但受到下属欢迎的管理者必定是公正无私的。无私才能无畏，当你成为一名公正无私的管理者之后，你的凝聚力就会大大增强，你就成为一个响当当、硬邦邦的人了。